있잖아, 우리 얘기

있잖아, 우리 얘기

박지영

티스텔라

송미림

신월

또도히

유라

노태운

해날에

글E9다

들어가며

해가 바뀌면 어김없이, 한 살씩 나이를 먹습니다.

한 해 두 해 나이를 먹다 보니 바뀌는 게 여럿 있더군요. 식성도 바뀌고, 취향, 성격도 조금씩 변하는 것 같습니다. 반면, 시간이 지날수록 더 강렬하게 짙어지는 것이 있습니다.

가슴 속 오래도록 품어온 '열망' 같은 것, 아닐까요?

어느 날, 우리는 '같은 마음'으로 만났습니다.

가슴 속에 담아둔 이야기를 꺼내는 것은 쉬운 일이 아니었습니다. 마치 먼지가 켜켜이 쌓인 오래된 서랍을 뒤적이는 일 같았죠. 그토록 찾고 싶은 무언가는 손에 닿을 듯 닿지 않았습니다. 먼지를 잔뜩 뒤집어쓰고 나서야 비로소 하나의 소재를 끄집어낼 수 있었죠.

누군가의 고민은 바람에 흩어지고, 한 잔 술에 잊히기도 합니다.

우리는 고민을 부여잡고, 글로 써 내려갔습니다. 한 편의 글이 완성되기까지, 주저하였으나 물러서지 않은 마음을 기억합니다.

글을 쓴다는 것, 어쩌면 한 땀 한 땀 옷을 짓는 행위와도 닮아 있는 것 같습니다. 하물며 고슬고슬한 밥을 지어 김밥 한 줄을 싸는 일도 마찬가지가 아닐까요. 정성이 담기면, 맛 좋고 건강에도 좋은 음식이 완성되듯이, 우리가 쓴 글은 비록 서툴지만, 무해할 겁니다. 마음을 다하여 써 내려간 진심이 그걸 증명할 테죠. 고되지만, 분명 행복한 여정이었습니다.

이 프로젝트에 참여하면서

한없이 부끄러운 마음을 용기로 피워낸 신월 님,

자신을 깊게 들여다보는 계기가 되었다는 지영 님,

모래시계를 돌리듯, 닫힌 마음을 열고 쓰게 됐다는 티스텔라 님,

한 줄을 써 내려갈 때마다 설레고 뿌듯했다는 또도히 님,

아픔을 나누는 글을 쓰고 싶어졌다는 유라 님,

새롭게 도전하며 배우게 됐다는 다영 님,

미지의 세계를 탐험하는 것만 같았다는 태운 님.

모두 고생하셨습니다. 언젠가 지금의 '첫 마음'을 기억하며, 서로의 안부를 떠올리기를!

우리가 품은 작은 씨앗이 싹을 틔우고, 저마다 다른 빛깔과 향기를 낼 수 있도록 열정으로 이끌어주신 현해원 작가님께 고마운 마음을 전합니다.

끝으로, 우연이라도 이 책을 펼친 당신에게.

"우리 얘기"가 오늘 하루를 살아낸 당신에게

작지만 은근한 위로로 남는다면, 참 좋겠습니다.

- 공동저자 中 송미림

차 례

지구순례자

박지영

박지영

딱히 큰 야망도, 그다지 원하는 바도 없이 맘대로, 하고 싶은대로 이만큼 잘 살아온 20년차 사회인. 질문하는게 직업입니다. 왜 라는 질문앞에서 자신이 원하는 바를 답하고 쫓는 모든 사람에게 애정과 존경을 느낍니다. 인생 살아보니 돌잡이처럼 예쁘게 놓인 선택지 앞에서 맘대로 골라잡을 수가 없어요. 이렇게도 굴러가고 저렇게도 굴러가고. 이런일도 저런일도 생깁니다. 자신을 들여다보는 일에 가장 마음을 많이 쓰면 어떨까요

인스타그램: @xi4382018

마지막 편지

내가 몇 살인지는 기억이 나지 않습니다. 아마 굳이 세지 않았다고 보는 편이 맞겠습니다. 우리는 모두 언제 태어난 것에 의미를 두지 않으니까요. 오래 살아오며 충실한 기록관으로서 정보를 기록하고, 지식을 추구하며, 의무를 다하는 것으로 진실로 충만했습니다. 지금 이것을 지구의 언어로 표현하면, 이 긴 생애와 과업은 조용한 기쁨 그 자체였던 것 같습니다. 온 우주를 누비는 이 기록관으로서의 운명은 우리 존재의 처음부터 아주 자연스러웠고, 그 목적이 곧 우리 자체였습니다.

이 별의 시작부터 지켜보면서, 마지막 기록은 이 지구의 마지막 장면이 될 것으로 생각했습니다만, 그것이 지구가 아닌 나라는 것은, 나를 비롯한 모두에게 예상하지 못한 결론일 것입니다. 이것은 스스로에게도 놀라운 일입니다. 이제 나의 소멸을 직접 겪게 될 것임을 알게 되었고, 탄생과 소멸, 이 유한함 안에서 내가 기록해 왔던 지식과 사실 그 이상의 것이 존재함을 확신하고 있습니다. 그리고 기록하는 존재로의 나의 사명과 일치하는 완벽한 마지막이 찾아왔다고 전하고 싶습니다.

이제 처음으로, 나의 형제에게 질문을 던져봅니다.

우리는 왜 우주의 모든 것을 기록했을까요? 이 사명은 어디에서 온 것입니까? 우리는 왜 이것을 왜라고 묻지 않았을까요? 그렇다면 나는 왜 지금 이런 질문을 하는 것일까요?

이 답을 찾기 위해 나와 형제들이 우주만큼 쌓아 놓은 방대한 양의 아카이브를 샅샅이 뒤졌지만 찾지 못했습니다. 나 이전에 어느 존재가 이런 질문을 했다면 아카이브에 남아 있었을 것이라는 희망이 있었습니다. 우리는 기록하는 존재들이니까요. 그러나 우리 종족과 형제는 이런 질문을 남기지 않았습니다. 이 마지막 보고서를 통해, 이후에 어느 존재가 이런 질문을 하게 된다면, 이 기록을 우리의 아카이브에서 찾기를 바랍니다.

이제 내게 주어졌던 운명을 벗어나려고 합니다. 이것은 나의 소멸로 귀결될 가능성이 매우 높습니다. 처음으로 나의 존재로서 자연스럽지 않은 결론을 선택하였고, 이 선택을 나의 형제들에게 알립니다. 지구의 인간들은 이것을 죽음이라고 부릅니다.

모든 일의 시작은 어느 인간의 죽음을 우연히 마주치게 되므로 시작되었습니다.

지구는 점점 오염되어 가고 있다. 정보수집을 위한 방문은 점점 횟

수가 늦어지고, 더 짧게 머물고 있다. 이대로면 다음 방문에서 인류의 마지막을 기록하게 될 가능성도 있어 보였다. 생체 에너지를 합성하기 위해서는 깨끗한 많은 양의 물이 필요한데, 인류의 개척지가 늘어나는 만큼, 요건에 부합하는 곳은 점점 사라지고 있다.

나는 지구를 관찰하는 우주의 기록관이다. 우리가 수집한 우주의 모든 정보가 나의 고향 아카이브에 모인다. 우주는 넓고 아카이브는 실로 방대하다. 이 우주에는 나의 형제들 같은 기록관 외에도 고유의 목적을 가진 존재들이 더 많이 있지만 그 목적에 따라 서로 마주치지 않을 뿐이다. 태초의 無에서부터 지금까지, 관찰이 가능한 지구상의 모든 정보와 역사를 기록해왔다. 이번 조사는 지난 방문 이후 800년 만이다. 조사도 막바지, 이제 곧 떠날 날이 다가오고 있다. 이번에 머무는 이곳도 이전보다 인간이 더 빈번하게 나타난다. 인간과 불필요한 접촉은 않는 것이 안전하다. 다음번에는 세노테 안젤리타로 목적지를 바꾸기로 했다. 이제 대기의 오염도도 심해져서 전보다 더 자주 에너지 합성이 필요하다. 이전의 지구는 훨씬 더 오래, 100년쯤 머물러도 문제없이 지내기에 풍족했다. 이제는 지구에서 30년을 조사하기도 어렵다. 확실하게 인류는 성장의 분기점을 지났고, 소멸을 향해 가고 있다. 지구의 모든 것은 자정작용을 하는데, 인간만이 자정작용을 하지 않는다. 과연 인간과 지구 무엇이 먼저 종말을 맞게 될 것인가.

우리가 지구에서 머물기 위해 산소와 깨끗한 물이 흐르는 조건이 반드시 필요하다. 투명한 젤라틴 성의 몸체를 갖고 있어 어떤 물질이든 흡수하고 분석한다. 물속에서 에너지를 합성해 동력으로 사용한다.

우주선을 움직이려면 지구 시간으로 한달은 에너지를 모아야 한다. 새벽, 태양 빛이 나의 피부를 말리기 전에 에너지를 합성할 때이다. 의사소통을 소리로 하지 않는 우리는 지구의 소리를 진동으로 듣는다. 새벽 시간은 평온한 작은 진동이 흐른다. 나의 고향에는 소리가 없다. 이 시간은 나의 고향보다 보다 더욱 안정감을 준다.

에너지의 합성이 끝나갈 즈음 생체 에너지 외에 다른 정보가 흡수되고 있는 것을 알아챘다. 희미하게 읽히는 정보는 인간의 혈액과 유전자 정보였다. 합성을 이르게 마치고 주변을 둘러보았다. 댐의 경계에 머리에서 피를 흘리고 있는 인간의 몸이 반쯤 걸쳐져 있었다. 머리 뒤에서 흘러나오는 피가 주변을 물들이고 있었다. 가까이 다가갈수록 물속의 피의 농도가 진해진다. 죽은 듯이 미동도 없지만, 조용한 새벽을 찢는 비명이 파고드는 것 같았다. 몸안으로 유입되는 정보의 양이 기하급수적으로 늘어나자 과부하가 걸린 듯이 어지러웠다. 물리적인 사고 외에 이런 신체의 이상을 겪어본 적이 없다. 이런 식으로 인간의 피를 목적 없이, 직접적으로 접촉해 본 적도 없었다. 사태를 파악하기 이전에 곧 정신을 잃었고, 물 위를 떠다니다가 이내 정신이 들었다.

다시 정신이 들고 피부에 흡수된 혈액의 농도가 희석되자 오히려 수월하게 정보가 읽히기 시작했다. 인간은 죽어가고 있었다. 인간과 마주치면 불확실한 변수가 너무 많이 생기게 된다. 상태를 확인하기 위해 가까이 다가섰다. 순간보다 짧은 삶일 텐데 방대한 정보가 난잡하게 파고들었다. 피부를 통해 흡수된 유전자에 기록된 인간의 역사가 나무에 남아 있는 나이테처럼 순식간에 읽혔다. 인간은 죽기 이전에도 다양한 신체의 손상을 겪고 있었다. 간단하게 읽히는 정보만으로도, 탄생 시점에 따른 노화보다 더 빠른 노화를 겪고 있었고, 질병, 간, 신장 기능의 저하, 신체 구성 성분의 불균형, 영양부족, 이미 몹시 상태가 좋지 않았다. 강도 높은 노동의 반복으로 인해 신체의 회복이 이루어지지 않고 있었다. 진단을 시작한 순간 알게 되었다. 어떠한 조치도 무의미한 마지막이다. 학살, 질병, 인간의 죽음을 몇 번이나 마주쳤던가. 나는 인류의 마지막을 기록하는 순간을 언제나 예상하였지만, 한 인간의 끝을 경험하는 순간은 예상하지 않았었다. 이미 이 인간은 살릴 수 없다, 죽이지도 않는다. 그 자리를 떠나야 한다. 하지만 숨이 서서히 꺼져가는 동안 가만히 그 곁에 있을 수밖에 없었다. 죽어가는 인간이, 모든 세포 하나까지도 살아있는 듯이 아우성치며 나를 붙잡았기 때문이었다. 점점 날이 밝아오고 있었다. 겨우 우주선으로 돌아와 다시 정신을 잃었다. 혈액이 흡수된 피부 위로 처음 느껴보는 아릿한 통증이 일었다.

정신이 들고 가장 먼저 나의 상태를 점검했다. 의식을 잃은 것과. 그로 인한 추가적인 손상은 없는 것으로 판단했다. 인간은 이질적인 존재를 받아들이지 못한다. 관찰해오면서 인간과의 접촉은 불필요하다는 결론에 도달했다. 그들은 평화로운 존재들이 아니다. 인간의 앞에 몇 번 나타나 대화를 나눈 적은 있지만. 이런식으로 목적 없이 접촉된 것은 처음이었다. 이것은 일종의 사고다. 하지만 일어난 일이므로, 한 인간의 미분류 정보, 이것을 나의 기록에 포함하기로 했다.

이때 이것이 당연한 호기심, 기록관의 합리적인 판단이라고 생각했지만, 후에 알게 되었다. 이것은 나의 최초의 선택이었다.

죽어 있는 인간의 유전자를 통해 정보를 수집할 수 있다. 죽은 지 오래되지 않았으니, 아직 충분한 시간이 있다. 죽은 인간을 차가운 동굴로 옮겼다. 개체의 경험과 의식에 접촉이 가능하도록 환경을 조정해, 그 자체를 작은 아카이브로 만들었다. 이 인간의 탄생부터 죽음까지 수집가능한 신체정보를 수집했다. 정보를 읽어내면서 내가 인간에 대해 알고 있는 정보에 비추어 일생을 재구성했다. 늘 해오던 일이었다. 인간의 유전자는 한 인간의 역사만이 아니라 그 핏줄의 모든 역사를 기록한다. 유년기부터 시작된 신체의 학대와 고통, 기아와 결핍. 한 번의 출산과 죽음까지 이어지는 신체의 변화, 손상의 정도. 일반적인 인간의 생에 비하여도 고통의 양과 횟수가 평균 이상이었다. 여자가 사는 지역의 영토전쟁 또한 하찮아서, 인류 역사에 기록되지도 않았다. 흔적 없이 사라질 인류의 반복되는 작은 한 조각이었다. 인류에 대한 정보는 차고 넘친다. 그 개인의 마지막 현상에 더 집중하기로 했다.

그 육신이 내게 자신의 역사를 말하기 시작했을 때, 오래되지 않아 알게 되었다. 이 인간은 내가 묻는 것 이상으로 자신을 전달하기 시작했다. 죽어가면서 나를 잡아두었던 그 폭발적인 에너지는 생명이 끝났는데도, 계속해서 나를 잡아끌었다. 이미 죽은 인간이면서, 이질적인 존재인 나에게 자신이 삶이 가진 맹렬한 의지를 함께 전하기 시작했다. 이는 호기심을 자극한 동시에 예상치 못한 상호작용으로 이어졌다. 아이러니하게도 의미 없다고 판단할 만한 인간은 의미 있는 정보로 가득했다.

삶을 따라가며, 나는 여자가 겪은 그 사건의 뒤에 동전의 양면처럼 붙어있는 감정을 함께 전달받기 시작했다. 이전에도 인간과 대화를 나눈 적이 있었다. 지도자들, 종교인, 수도자들. 지식을 나누기도 했고, 몇은 나를 신으로 여겼다. 오랜 기간 고행과 수도를 거쳐 인간의 한계를 넘어서면, 나와 비슷한 차원에 이른 자들도 있었다. 그러나 그 끝에서 마주했을 때, 그들은 위선을 드러냈다. 이 여자는 달랐다. 내가 읽어낸 모든 일에 일관되게 진실했고 모든 데이터는 정직했다. 가치가 있는 정보였다. 기쁨과 슬픔, 안정감과 불안감, 혼란스러움과 두려움, 좌절, 부끄러움, 사랑, 애착, 존경, 경외, 불신, 인류에게 주어진 모든 감정이 그의 삶을 통해 흘러갔다. 모든 사건과 감정은 여자의 성장과 함께 정교해지고, 복잡 해졌다. 여자가 겪는 많은 일들과 감정은 여러 겹의 층을 갖고 있어, 기쁨도 완전하게 기쁘지만은 않았으며, 또 슬픔도 완전하게 슬프지만은 않았다. 모든 사안은 서로 영향을 미쳤으며, 복잡한 듯 보이지만 복잡하지 않았다. 분노했다가 용서하기도 하였으며, 용서하기 위해 상실하기도 했다. 이는 마치 어느 생명의 소멸이 다른 생명의 탄생으로 이어지는 우주의 원리 와도 유사했다. 나는 여자가 자연스럽지 않은 고통을 선택한 순간을 여러 번 보게 되었다. 형제를 위해서 매질을 당하고, 짝을 따라가며 굶주림을 선택했다. 자식을 위해 수치를 당하고, 더 많은 고통을 선택했다. 지식에 기반한 합리가 번번이 무너졌다. 그리고 매번 이 모든 것들을 온전하게 선택했다. 마지막 순간, 자기 죽음과 같은 예상할 수 없는 사건이 삶에 일어났을 때도 결정권자이자 주인이었다. 나에게 이 모든 것을 전달하기로 한 것 역시 여자의 선택이라고 밖에 생각할 수가 없다. 그녀는 내가 섬겨온 나의 아버지, 우주와 닮았다. 자신이 그 우주의 주인이었다. 너그러운 주인처럼 나에게 이 모든 것을 반복해서 친절하고 열정적으로 전달했다. 더 많은 것을 알게 되었다. 그러나 여전히 인간을 전부 이해할 수는 없었다.

대화를 시작한 지 지구의 시간으로 3년이 지났다. 나는 그녀의 생명이 이미 끝났다는 것을 종종 잊어버렸다. 이제 지구에서 새로운 식물을 발견했을 때나, 계절이 바뀌고 눈이 내릴 때, 오히려 그녀에게 말하고 싶은 충동을 느꼈다. 이 이야기가 마지막에 다다를 때쯤, 그녀의 시신이 완전히 미라화가 되었음을 알았다. 말라붙은 상처에 손을 대도 더 이상의 정보를 읽을 수는 없다. 그녀는 나를 처음 만난 날 죽었고, 정보를 복기하는 것임을 알지만, 이것은 여전히 대화처럼 여겨졌다. 나는 이제 그녀가 그대로 동굴에 있는 것이 옳지 않다고 여겨지기 시작했다. 그녀의 기억은 이제 내 안에 있으니 내가 곧 그녀의 아카이브였다. 죽어서도 내게 자신을 전하는 것을 선택한 그녀였다. 이 동굴에서 멈춰 있는 것은 그녀와 맞지 않았다. 자신의 주인이자, 투사였고, 작은 우주였다. 이 결론에 다다르자, 그녀를 인간의 방식대로 장례 하기로 했다. 매장을 선택하고 장소를 신중하게 골랐다. 높은 곳, 식물이 푸르게 자란 곳에 묻었다. 그녀가 흙 사이 땅 아래로 사라지자, 나는 어떤 슬픔을 느꼈다. 나는 여전히 그녀에게 말을 걸 수 있었지만, 이전과는 달랐다. 나의 존재가 작아진 것처럼 공간감이 느껴졌다. 이것은 상실이라는 감정과 가장 가깝다. 무한대로 비어있는 우주 공간에서도 존재하지 않았던 공허함을, 모든 것이 가득 찬 이 별에서 알게 되었다.

그녀의 장례를 지내고 나서도 돌아갈 준비를 할 수 없었다. 사실 나의 신체에도 변화가 생기고 있었다. 투명했던 피부는 이미 많이 불투명하고 질겨졌다. 외부의 물질을 흡수하고 분석하던 피부의 성질도 변했다. 이제 질겨진 피부 위로 물질이 통과하지 못한다. 빛에 예민하던 눈도 점점 둔감해지고 시각도 생겨나고 있다. 아마도 인간의 세포를 직접적으로 너무 많이 흡수해서가 아닐까 추측했다. 그 결과로 피부를 통한 에너지의 합성도 효율이 몹시 떨어져, 우주선을 움직일 만한 에너지원이 모이지 않았다. 속도도 현저하게 느려졌고, 긴 수면을 하기 시작했다. 이대로 계속 지구에 있는다면 남은 시간이 얼마나 될지 예측이 어려웠다. 이제 나의 본래의 수명으로 돌아가지는 못할 것이다. 귀환하지 않는다면 지구의 시간으로 몇 년이나 가능할 것인가. 나의 신체가 우주선을 타고 돌아가기에 적합하지 않았던 것인지, 내가 돌아가고 싶지 않았던 것인지 명확하게 판단할 수가 없었다. 한동안은 그녀의 기억 중에 이별에 대해 생각했다. 그녀의 부모가 사고로 죽었을 때. 남편이 병으로 죽었을 때. 그녀도 이와 같은 상실감을 느꼈다. 같은 감각을 공유하는 것이, 에너지를 합성하던 새벽 시간의 호수와 같은 위로를 주었다. 그녀는 아버지의 조끼 장식을 간직했고, 죽은 남편을 생각하며, 딸의 눈썹을 매만졌다. 나도 장례 전에 잘라낸 그녀의 옷자락을 만지작거렸다. 기능을 잃어 질겨진 손가락 피부 사이로 메마르고 남루한 천 조각이 버석거렸다. 합리적인 이유가 없는 행동이었다.

나는 더 이상 무엇을 해야 할지 알 수가 없었다.

이제 더 이상 새로운 정보는 없다. 그저 인간처럼 기억해낼 뿐이다. 지금의 상태로는 자력으로 귀환할 수는 없다. 하지만 형제들에게 구조 신호를 보내지 않은 채 수일이 또 지나갔다.

왜 돌아가야 하는 것인가?

왜 우주의 모든 것을 기록하는가?

이 사명은 어디에서 온 것일까?

자연스러운 것이 더 이상 자연스럽게 느껴지지 않았다.

우주의 지식을 담는 그릇인 우리는 우주에서 가장 높은 지적 능력을 가진 종족 중 하나일 것이다. 한 치의 틈도 없이 무한한 시간과 공간, 임무 안에서 모든 것이 평온했다. 그러나 이제 나는 나의 소멸을 바라보며 여전히 아무것도 하지 않고 있다.

나는 지금 유한함을 선택하고 있는 것인가?

그녀는 형제에게 살해당했다. 그날 그녀의 형제가 그녀의 머리를 내려치고 죽어가는 그녀를 버려두고 산에서 내려갔다. 그녀의 집에 숨겨둔 금붙이를 훔쳤을 것이라고 했다. 실망과 분노, 안타까움, 애정이 혼재했다. 그러나 증오와 복수는 전달하고 싶은 강렬한 의지는 아니었다. 단 하나, 아이에게 돌아가고자 했다. 나는 확신한다. 그녀가 살아있었다면 어떻게 해서든지 산에서 내려갔을 것이다. 긴 생애 동안 나의 사명도 목적도 언제나 명확했다. 이제 내가 답할 차례이다. 그렇다면 왜 나는 귀환하지 않는 것인가.

언제부터 기록관이었던 것인지 기억이 나지 않는다. 긴 시간 동안의 나의 삶과 과업을 하나하나 되새기는 것은, 의외로 스스로 여기고 있던 것 보다 더 큰 만족감을 주었다. 살아온 시간만큼 긴 돌아봄이었다. 오랜 시간 충실하게 쌓아온 나의 업적을 하나씩 돌아보며, 조용한 기쁨으로 가득 찼다. 그녀가 자신의 아이와 눈을 마주칠 때 느꼈던 감정과 가장 비슷했다. 진정으로 지나온 나의 생은 충만했다. 그러나 이 기쁨은 과거에서 빛을 내고 있었다. 나는 더 이상 예전과 같은 기록관이 아님을 깨달았다. 다시 돌아간다고 해도 이전과 같은 기쁨은 아닐 것이다. 무거워진 다리와 피곤을 느끼기 시작한 어깨를 끌어안으며, 더이상은 이 무한에 가까운 생의 과업을 지속하고 싶지 않다고 생각했다. 과거의 만족감마저 짐처럼 느껴졌다. 지구에서의 유한한 삶이 축복처럼 느껴졌다.

그간의 일로 인해 나의 능력은 이미 많이 사라졌다. 이제 움직임도 에너지도 본래의 반도 안된다, 무거워진 몸은 중력의 영향을 더 많이 받는다. 능력도 없이 더 무겁고 쉽게 지치는 이 몸에 적응해 가고 있다. 이대로 조용한 새벽을 몇 번이나 더 즐기고 천천히 소멸하고 싶지만, 해야 할 일이 남아있다. 형제들에게 그간의 일과 나의 마지막을 기록한 아주 긴 편지를 전송했다. 물가에 앉아 가능한 만큼 에너지의 합성을 시도하고 나면 눈썹이 초승달처럼 생긴 그녀의 아이를 만나러 갈 것이다. 그녀의 의지를 완성하는 것은 나의 가장 쉬운 선택이다. 인간의 방식대로, 쓸모가 있는 지식을 알려주거나, 가치가 있는 물건을 전해 줄 수도 있다. 한번 시작된 질문은 쉽게 끝나지 않는다. 잡히지 않는 답을 찾는 것은 생각보다 더 고통스러웠지만, 기꺼이 이 고통을 나의 의지로 선택한다. 모든 것을 잃어가는 약해진 몸과는 반대로 나의 의지는 강해지고 있었다. 바라는 것은 한가지 뿐이다. 내가 선택한 이 여정이 가능한 천천히 지나가기를 바란다.

너의 슬픔을 가져갈게

티스텔라

티스텔라 그림과 글, 음악을 하는 것을 좋아한다. 몽환과 슬픔, 음악을 담은 일러스트 '너의 슬픔을 가져갈게' 이야기를 그리고 있다.

삶을 버텨내는 데 큰 힘이 되어주었던 가톨릭 세례명인 '스텔라'—깜깜한 어둠 속에서 길을 잃은 선원들에게 등대 같은 빛이 되어준다는, 바다의 별이란 의미를 지니고 있다. 여기에 아이들과 함께한다는 의미로 '티'를 붙여 '티스텔라'란 이름으로 작가 활동 중이다.

인스타그램: @tstella_art

이메일: tstella@naver.com

처음 그것을 느낀 장소는 심장이었다.

몸은 뛰지 않고 있는데 심장은 혼자 뛰기라도 하듯 쿵쿵 요동을 치고 맥박은 빨라졌다. 쿵쾅 쿵쾅이란 느낌보단 잘근잘근 사시나무 떨리듯 흔들리고 있다는 표현이 더 맞았다. 그 흐름은 핏줄을 거쳐 손까지 이어졌고, 밥을 먹는데도 손이 떨려 제대로 식사를 할 수가 없었다. 현실의 소리보다 심장 소리가 더 귓속을 파고들었다. 분리된 심장은 내 의지의 영역을 벗어나 진동했고, 잠을 잘 때도 불안에 못 이겨 새벽에 깨는 경우가 많아졌다. 가끔은 누군가가 칼로 심장을 앞뒤로 긁는 듯한 통증을 느꼈다. 아니, 그보단 누군가가 고통의 근원인 심장을 칼로 도려내 주길 수없이 원했다.

"일종의 폐소공포증 증상입니다."

스무살 무렵 병원을 찾아가 들었던 진단이었다. 계속 이상하긴 했었다. 대학생 때부터 과제를 제시간에 못 할 것 같은 불안감이 생기거나 관계에 대한 스트레스가 생기면, 달리기를 하다 멈춘 순간처럼 심장이 쿵쿵 요란을 치고 호흡이 가빠졌다. 다른 사람들은 평온한데 홀로 그런 상태를 겪고 있으면 마치 한 우주 공간에 우두커니 고립된 느낌을 받았다. 진단을 들은 이후 상담을 다니기 시작했다. 첫 상담에선 가벼운 검사를 하고 상담을 진행했다. 그 결과 나는 이성과 감성이 생각하는 것이 서로 차이가 심한 상태라고 했다. 예를 들면 현재 기분이 굉장히 우울하고 부정적인 상태인데, 겉으로는 부정적인 마음이라곤 전혀 없는-웃음 가득한 인상 좋은 학생이라는 것이다. 언젠가 친구들이 말하길 교수님께서 스트레스를 받을 정도로 세게 말씀하셔서 충분히 기분이 안 좋을 수 있는 상황인데도 나는 계속 웃음을 보였다고 한다. 그런데 그때 정말 겉으로만 그런 것이 아니라 마음도 아무렇지 않다고 생각했다. 가르침을 받는 현장이고, 그 과정에서 다른 감정이 나오는 것은 잘못된 것으로 생각해 온 머릿속으로 그런 행동은 안된다고 세뇌를 걸었더니, 그 순간만큼은 정말 괜찮았다. 나는 이런 식으로 어떤 어려움 속에서도 정말로 괜찮은 상태를 유지했고, 많은 사람에게 신뢰감을 주는 학생이 되었다. 그런 와중에, 심장이 말을 안 듣게 되었다. 왜 잘만 지내고 있었는데, 내 몸은 내 멋대로 안되기 시작하나! 어찌 됐든 약물 복용을 거부하는 입장이었기에 이러한 증상을 견디고 극복할 방법을 찾기로 했다. 증상이 나타나지 않는 두 경우가 있었는데, 하나는 내가 좋아하는 일에 몰입하는 순간이었고, 또 다른 하나는 친구들을 만날 때였다. 불안함이 요동치는 상태에서 복도를 돌아다니고 있었는데, 친구들 얼굴을 보자마자 그런 불안함이 싹 사라지는 순간을 경험했다. 이런 두 경우에 상태가 좋아진다는 것을 알고 행동하기 시작했다. 과제에 미친 듯이 집중하거나, 일을 만들어 성취하거나, 좋아하는 사람들을 만나는 데 시간을 들였다. 청춘이었고 코로나가 없던 일상이었기에 가능한 방법이기도 했다. 그래서 생각해보면 도무지 집에 오래 붙어 있던 적이 없었다. 시간이 지나고 스트레스 상황들이 사라지자 자연스레 공황 증세도 잠잠해졌고, 폐소공포증을 극복하는 줄로만 알았다.

이후 모든 일이 순조로웠다. 대학교를 졸업하고 우여곡절을 겪었지만 짧은 시간에 어려운 취직 시험에 합격했고, 안정된 직장도 가지게 되었다. 우리 가족이 사는 집 안에서도 평화가 지속되었다. 전셋집이었지만 집 주인이 굉장히 친절하여 우리가 어떻게 사는지 종종 살피러 와주었고, 고장 난 물건이 있다면 흔쾌히 고쳐주기도 했다. 곰팡이가 자주 펴 비염 증세가 끊이질 않고 집 밖은 큰 도로라 소음이 있어도 나쁘지 않았다. 우리가 여태 살아왔던 집들은 엄지손가락만 한 바퀴벌레가 득실거리거나 햇빛이 들지 않아 어두컴컴한 상태로 지내곤 했기 때문에 이제껏 살던 집 중에선 마음이 가장 편했다. 그런데, 점점 좋지 않은 일들을 접하기 시작했다. 직장에선 1년간 고통스러운 경험을 겪게 되고, 인간관계에서도 어려운 상황들이 이어졌다. 이런 과정을 소화하기도 벅차던 중, 엄마가 하루하루 근심을 앓기 시작했다. 얼마 후, 나는 5년간 살던 이 집 주인이 우리 집 전세금을 가지고 사라졌다는 소식을 듣게 되었다. 알고 보니 집주인은 갚지 못하는 빚이 어마어마했고 집주인이 돌연 사라지자 온갖 빚 문서들이 우리 집 우편함으로 몰려들었다. 엄마는 잃어버린 돈으로 고통스러워했고, 평온했던 집은 순식간에 고통의 공간이 되었다. 법이 약자를 잘 지켜줄 것만 같지만 실상은 그렇지 못했다. 집은 경매로 넘어갔는데 경매를 통해 얻는 돈의 우선순위는 우리가 아닌 빚을 진 은행들이었다. 개인적으로 재판을 걸 수도 있었지만 먹고사는 일에 전념하지 않으면 안 되었던 엄마는 그 방법을 선택하지 않았다. 이겨도 받을 수 있는 돈이 없었고 재판을 신청할 때 드는 비용과 시간을 감내할 수 없었다. 살기 위해선 잃어버린 돈을 포기해야 했다. 집에서 뿜어져 나오는 체념과 고통의 기운을 피하고 싶었던 나는 집 옆에 있던 산길 숲을 매일 매주 걸어 다녔다. 약을 먹은 것처럼 혼미하게, 심장이 쿵쿵 뛰는 소리에 몸을 맡기며 나무들 사이를 무수히, 무수히 걸었다. 날이 저물자 숲은 어둠에 물들었고 도시보다 더 빠르게 어두워지는데도 나는 그 숲속을 계속 정처 없이 걸었다.

마음 정리를 마친 후, 모든 것을 새로 시작해야 했던 우리는 결심을 했다. 전셋집에 더는 들어가지 말고 새집을 사자. 다행히 안정적인 직장을 가졌던 나는 대출이 가능했고 엄마의 남은 돈을 합해 시골의 한 아파트 집을 샀다. 지금까지 지냈던 곳들보다 가장 좋은 곳이었다. 벽에 곰팡이가 득실득실한 탓에 온갖 재채기를 달고 살지 않아도 되었고, 밤엔 선선한 귀뚜라미 소리가 들렸기에 자동차들의 온갖 소음들을 듣지 않아도 되었다. 우리는 차라리 잘 되었다고 생각하며 행복한 나날을 지내겠단 다짐을 했다.

이후 유독 의미 있는 삶을 살아야겠단 생각에 사로잡히기 시작했다. 코로나로 민감한 시기인지라 사람을 만나기도 쉽지 않았기에 직장 안에서 할 수 있는 일들을 무수히 찾았다. 지금 생각하면 정말 제정신이 맞나 싶을 정도로 어마어마하게 일했다. 상사가 시키지 않은 일들을 만들어서 해내기도 했고 굳이 하지 않아도 될 일들을 도맡아서 했다. 퇴근 시간을 한참 넘어 혼자 직장 처를 나오는 날들이 많았고 해가 저무는 순간을 많이 보았다. 오죽하면 주변 동료들이 여기에만 있지 말고 친구들도 보러 가고 쉬기도 하라며 잔소리를 했다. 나는 괜찮다고 괜찮다고 말하며 '의미 있는 삶'에 집착했다.

그런데, 직장에서 허겁지겁 다녔나 보다. 그만 계단을 올라가는 길에 넘어지고 만 것이다. 계단에 발을 딛는데 발을 온전히 계단 바닥에 닿게 하지 않고 엄지발가락 정도만 올라간 상태에, 양팔엔 짐들을 가득히 들고 정신을 놓은 상태로 올라가는 길이었다. 엄지발가락이 균형을 잡지 못하고 쏠려 그대로 계단에서 미끄러졌다. 순간 이동을 한 것처럼 밑으로 순식간에 떨어졌다. 고통스러웠지만 일을 하러 절뚝거리며 올라갔다. 잠깐 아프고 말겠지 생각했는데 두 시간 내내 너무 아팠다. 도저히 정상적으로 걸을 수 없어 결국 병원을 가서 검사해보니 엄지발가락 골절이었다.

하필 오른발이라 운전도 할 수 없는 상태였고 직장과 집 거리는 뚜벅이 상태로 갈 수 없는 곳이었다. 직장에 병가를 냈다. 그런데 병가를 내는 과정이 쉽지 않았다. 물론 심한 직장들은 겨우 엄지발가락 하나 때문에 그러냐며 출근하라고 했을지도 모르는 일이다. 병가를 내려는 과정에서 동료들 간의 불편한 상황이 오고 갔다. 그렇게 야근하고 죽어라 일만 했는데도 이러한 상황이 닥쳐 서러움이 몰려왔고 몸까지 아픈 탓에 그날은 엄청 울었다. 어찌 됐든 병가를 내서 한 달을 쉬게 되었다.

그렇게 누워 있는 생활이 지속되자 이상한 현상이 일어났다. 분명 긍정적으로 생각하며 지내왔다 생각해왔는데, 내 의지와 다르게 자꾸만 머릿속에서 죽고 싶다는 생각만 떠올랐다. 이런 생각 하지 말자! 라고 제어를 하려 해도 막을 수가 없었다. 뜨거운 물이 끓어 기포가 보글보글 생기는 현상처럼 죽고 싶단 생각이 머릿속에서 방울방울 올라왔다. 그러다 어느 날 밤, 누군가에게 눌리는 듯한 기분을 받더니 숨이 또 잘 쉬어지지 않고 칼로 누군가 가슴을 도려내는 듯한 느낌이 시작되었다. 가위에 눌리거나 악몽을 꾸다 새벽에 깨는 일이 다시 빈번해졌다. 잠잠했던 폐소공포증이 다시 올라온 것이다.

발을 다쳤기에 이전처럼 폐소공포증을 극복하기 위해 사람을 만나거나, 직장 일에 몰입할 수도 없는 상황이 되어 나만의 극복 방식을 활용할 수가 없었다. 증세가 심해지는 상황이 계속되자 죽고 싶다고 생각만 하던 나는 결국 병원을 찾기로 마음먹었다.

오랜만에 또 심리검사를 하고 상담을 받았다. 심리검사는 단순한 문항 검사가 아니라 그림을 그리거나, 문제를 맞히거나 생각을 말하는 등 아주 디테일하게 이루어졌다. 이후 결과는 8장이 넘도록 상세하게 쓰여 있었는데, 상담 선생님의 말씀을 조금 빌리자면 처음에 들어왔을 땐 표정이 밝은 편이고 잘 웃기도 하며 편안한 상태인 듯 보였는데도, 검사 결과는 정서적 안정감이 부족한 부분이 있다고 나왔다. 때때로 실제보다 외부 상황을 위협적이거나 비관적으로 받아들이는 측면

이 있어 매 순간을 긴장 상태로 생활했을 것이라 말했다. 어릴 적 가정 내 긴장 상황들로 고통스러운 상황에 반복적으로 노출되면서 내적 긴장이 지속적으로 경험되었고, 이런 감정들이 극심했음에도 이를 충분히 수용해주고 공감해 줄 대상이 없었기에 생존을 위해 부인하거나 억압의 방어기제를 쓰면서 당시의 상황에서 자신을 지키려다 현재는 해소되거나 치유되지 않은 채 억압된 감정들이 의식화되면서 경험하는 현상이라 말씀하셨다.

확실히 나는 삶을 살면서 항상 전투태세를 갖추고 있었다. 겉으로는 전혀 그렇지 않았을 것이다. 왜냐하면 항상 웃으며 신뢰를 갖춘 성실한 모습이 내겐 갑옷이었기 때문이다. 속으로는 상처를 줄 수 있는 상황들에 언제든 대비할 대화를 갖추려고 머리를 쓰고 있었던 것 같다. 병원 선생님조차도 괜찮은 직업에 행복해 보이기만 한 모습인데 속은 왜 이런지 의아해했다고 말씀하신다. 나는 묵혀두었던 어린 시절 이야기를 조금씩 털어놓기 시작했다.

각진 공간들. 담배 연기로 노랗게 물들어진 천장.

엄마의 비명이 들리고 아빠가 엄마의 머리채를 잡아끌어 다른 방으로 들어갔다. 동생과 나는 울음으로 온 방을 가득 채웠다. 우리들의 울음은 그만하라는 외침의 소리였지만, 그 소리는 전달되지 않은 채 메아리처럼 다시 돌아왔고 비명 소리와 함께 물건을 던지는 듯한 쿵, 하는 소리들만 무수히 반복되었다. 우리는 듣고 싶지 않은 소음을 들으며 방 안에 갇혀 있었다. 아빠는 그런 사람이었다. 혼자 온돌 침대와 큰 텔레비전, 큰 안방을 쓰며 사고 싶은 것들을 곧잘 사곤 했지만, 우리는 인터넷 없는 컴퓨터를 쓸 수 있는 게 전부였다. 외출 또한 함부로 할 수 없었다. 한 번은 아빠가 없는 틈을 타 엄마와 동생과 함께 햄버거 가게를 갔는데, 그 사이 집에 전화를 해 우리가 없는 것을 확인하고 또 공포감을 조성시킨 경험이 기억난다. 어린 시절 할 수 있는 외출은 학교라던가, 그나마 꾸준히 다닐 수 있었던 피아노 학원이었다. 아빠는 집에 오는 밤마다 술을 마셨고, 그때마다 폭력은 지속되었다. 결국 엄마는 집을 나갈 결심을 했다. 아빠가 없던 날 밤 우리는 몰래 짐을 싸고 그 공간에서 도망쳤다. 도망쳐 나온 우리는 보호기관으로 갔다. 이혼 재판이 끝나기 전까지 머무는 곳이었다.

"엄마 죽으면 안 되겠지?"

보호기관을 가는 길 엄마는 내게 저렇게 말했다. 무슨 말로 답을 했는지 기억나지 않는다. 도망쳐 나온 계절은 겨울이었고, 그날은 눈이 소복이 쌓여 온 세상이 하얗게 변해 있었다. 보호기관에 도착한 후에도 커다란 창문 너머 눈을 바라보았다. 세상의 슬픔이나 아픔들은 저렇게 잠시 눈 속에서 고요히 잠들어 있는 걸까. 그 모습이 서글프기도 위로가 되기도 했던 기억 탓에 겨울은 슬픔의 계절로 느껴진다.

그곳을 간 우리에겐 한 가지 문제점이 생겼다. 온통 동생을 이해할 수 없는 사람들로 가득 차 있었기 때문이다. 동생은 자폐아였다. 사람들의 눈에 동생의 행동은 도무지 이해할 수 없는 것들이 많았을 것이다. 이곳에 오기 전의 나는 활발하고 씩씩한 성격인지라 학교 안에서 친구들을 데리고 동생 반으로 놀러 가곤 했었다. 그런 행동이 동생 반

아이들에게 영향을 끼쳤는지 어렸을 적엔 아픈 동생에게 특별히 괴롭힘이 있진 않았다. 그저 집 안에서만 이 아이의 자폐증 증상으로 인해 어려움을 겪었을 뿐이다. 그러나 이곳으로 옮기며 새로 다니게 된 학교는 특별반이 없어 동생을 이해하지 못했다. 나는 이때서야 깨달았던 것 같다. 성적이 중요하고 학급 안의 통일된 분위기를 우선순위로 여기는 학교란 곳은, 자폐아란 눈엣가시의 존재라고. 동생은 교실에서 나왔고 그 학교의 운동장을 떠돌아다녔다. 아침부터 수업이 끝날 때까지 운동장만 돌아다녔다. 동생의 담임 선생님은 저 애가 운동장을 나가는 건 어쩔 수 없다고 말했다. 특별반이 있었다면 저렇게 버려두진 않았을 것이다. 매일매일 운동장을 나갔던 동생은 전교생의 유명인사가 되었다. 당시 초등학생이었던 동생과 나는 쌍둥이처럼 똑같았기에 그 학교의 아이들은 우리를 둘 다 장애인이라고 소문을 내거나 때리기도 했다.

동생은 운동장을 혼자 떠돌고 세상은 우리를 동물원의 동물처럼 재밌게 보았다. 세상은 넓은데 우리는 갇혀 있었다. 폭력이 있던 가장 처음의 공간, 아빠가 있던 그 공간을 탈출했건만 도착한 곳은 또 다른 갇힌 공간에 불과하였을까? 머물던 보호기관에서도 학교와 별반 다르지 않았다. 같이 식사를 함께하는 시간이 문제였다. 동생은 밥을 먹을 때마다 온갖 밥풀과 음식물을 옷에 묻히거나 책상에 비비곤 했다. 그럴 때마다 그 집의 주인들은 동생에게 늘 타박을 주는 것이 일상이었다. 한 번은 머문 곳에 개 한 마리가 있었는데, 저 개도 그렇게 먹진 않는다며 비교를 하곤 했다. 도저히 그곳에서 오래 지낼 수 없었던 우리는

3개월 뒤에 그곳을 나왔다.

사춘기에 접어들어 다시 분노가 치솟았다. 슬픔이 샘솟았지만 그 슬픔을 받아줄 사람은 어디에도 없었기 때문이다. 엄마 역시 혼자 딸과 자폐아 아들을 키우며 생계를 꾸려야 했기에 내 상태를 봐 줄 여력은 없었다. 슬픔과 화는 다른 온도일 뿐, 같은 결의 성질이었기에, 슬픔은 분노로 변해 온몸에 무장되곤 했다. 왜 약한 사람들은 억압당하고 밟혀야 하는지에 대한 의문으로 너무나 화가 났다. 그러나 엄마와 동생을 지켜야 한다고 생각했기에 나는 그 감정에 치우쳐 엇나갈 수 없었다. 지키기 위해 살아야 했다. 이 감정을 극복하기 위해 의미 있는 것을 찾고 살기 위한 여정을 해내야 했다. 왜 사는지 의미를 찾다 글을 쓰기 시작했다. 내가 잘 할 수 있는 그림을 그렸다. 글과 그림은 내게 자유를 주는 통로였다. 방에 있을 때 유일하게 자유를 찾았던 기억은 그림이었다. 음악으로 감정을 달래기도 했다. 예술은 유일한 소통 창구였다.

그러나 예술도 쉬운 일은 결코 아니었다. 온몸을 지배하는 분노의 감정을 어찌할 수 없어 표현하는 데 방해가 되었다. 글을 어느 정도 쓸 수는 있었지만, 어린 시절의 상황과 그 감정을 쓰는 것을 싫어했던 탓에 글에는 타인의 공감이 가는 글보단 추상적인 내용이 더 많이 자리하곤 했고, 그림을 그릴 때도 드로잉 실력은 있었지만 색을 칠하기만 하면 어둠에 잡아먹히거나 탁해지곤 했다. 분노가 가득 찬 마음으론 도무지 인간관계도 쉽지 않았다.

감정을 표출하는 게 도움이 되지 않고 방해만 되는 일이 늘어나자

나는 감정 표현을 포기하기 시작했다. 열아홉 살 즈음부터 가면을 썼다. 어린 시절의 나는 지금의 나와 다른 사람 취급을 했다. 이제부턴 사람들의 어떤 말에도 화가 나지 않는 사람으로, 세상의 어떤 일에도 둥그런 사람으로, 대화를 할 때는 이성적인 사람으로, 때로는 바보 같은 연출을 극대화해 세상에 무해한 사람으로 연기하기도 했다. 이렇게 바뀐 이후 세상 살기가 조금은 편해졌다. 친구들도 두루두루 어울리기 시작했으며, 어떠한 인간관계 속에서도 큰 마찰이 없는 생활을 하게 되었다. 그런데 그런 생활을 지속한 이후부터였다. 심장이 의지와는 다르게 뛰기 시작하고, 누군가가 몸 한가운데를 칼로 도려내는 느낌을 받은 것이.

다시 돌아가서, 발가락을 다치고 병원을 찾아가 다시 한번 어린 시절의 나와 마주하게 된 그 날은 5월이었다. 병원을 무턱대고 찾아간 것이 아니었다. 웅웅대며 통증을 일으키는 발가락과, 죽고 싶다고 외쳐대는 무의식 속 어딘 가의 생각을 떨쳐내려 힘겹게 일어나고 있었다. 죽고 싶단 생각이 끓는 물의 기포 마냥 송송송 떠올랐지만 결코 죽을 수 없었다. 어릴 적부터 평생 마음속에 간직한 생각 때문이다. 엄마와 동생에게 행복한 삶을 주고 싶었다. 이제 더는 고통받는 삶을 겪지 않도록, 사람들에게 치이고 외로워지는 삶은 더 이상 생기지 않도록

'내가 죽으면 엄마랑 동생은 또 불행해지겠지'

죽을 수가 없었다. 살아야 한다고 생각해야 한다. 살기 위해 의미 있는 삶을 찾고자 노력했다. 나는 쓰러져도 다시 일어나는 오뚝이처럼

다시 한번 살아가는 이유를 찾기 시작했다. 이런 나를 여태껏 살게 해준 것은 꿈이었고, 그 꿈은 바로 예술이었다.

어두운 터널 속에서 빛을 발견한 것처럼, 꿈을 만났다. 영화나 책, 만화 등 작품이란 건 타인에게 메시지를 주면서 비로소 완성된다. 작가의 삶이 이야기로 나오고 그것이 누군가의 빛이 되어준다는 건 서로에게 희망이 된다. 미하엘 엔데 작가의 작품들이나 미야자키 하야오 감독의 영화들을 보며, 그림이나 글로 작품을 만드는 것은 하나의 생명을 만드는 것이고 이 꿈을 향해 나아가는 것이 가치 있는 삶이겠구나 생각하며 꿈을 키웠다. 이 꿈으로 어린 시절을 버텼고 꿈을 위해 쉼 없이 그림을 그리고 글을 썼다. 그때의 시절을 기억하며 다시 한번 꿈에 도전하기로 마음먹었다.

패드가 생긴 뒤로 발을 다치기 1년 전부터 그림을 시작하고 있긴 했었다. 원래 대학 전공이었던 서양화를 다시 시작하기엔 작업 공간이 없기도 했고, 재료비를 더는 감당할 수가 없겠단 판단이 들어 꿈과 그나마 가까웠던 일러스트를 먼저 그리기 시작했다. 소녀가 주인공인 일러스트 그림들이 첫 시작이었다. 처음엔 검은 선들이 가득한 일러스트였다. 하지만 소녀의 표정과 시선에서 내 감정들이 덜어져 나갔다. 무표정이었지만 무언가를 응시하고 있는 듯한 시선이 그려졌다. 신기하게도 소녀를 그릴 때마다 다음 날 상태가 괜찮아짐을 느꼈다. 위로받는다는 기분이 들었던 걸까? 누군가 옥죄는 듯한 느낌도 조금은 덜어지고, 행복하다는 느낌이 들었다. 그래서 내가 그리는 일러스트의 제목을 '너의 슬픔을 가져갈게'라고 지었다. 소녀의 표정으로 덜어졌던 슬픔은 점차 흘러가는 바다로, 상상들이 가득한 하늘로, 악보와 소리로, 빛과 그림으로 그 표현들이 더 커지고 다양해졌다. 색은 검은색보단 파랑이 많아지고, 점차 색채도 밝아졌다. 슬픔들이 다양한 모습으로 그림에 별처럼 박히기 시작했다.

그러던 어느 날 메일 한 통이 왔다. 인사동의 한 갤러리에서 온 전시 제의였다. 한 사이트에 올린 그림들을 보고 연락이 온 것이다. 꿈을 만났던 순간처럼, 어두운 터널 끝이 보이는 기분을 느꼈다. 보자마자 갤러리에 연락해 전시를 하겠다고 의사를 밝혔다. 단체전이긴 했지만 일러스트로는 첫 시작이었기에 주변의 몇몇 사람들에게 알렸다. 사실 발을 다치고 전후 기간 사람들에게 아예 연락하지 않았었다. 삶의 모든 것들이 무의미해지자 누군가에게 연락하는 것도 지쳐 시도한 적이 없었는데, 전시를 하겠다 정한 후 세상이란 창문에 '똑똑'하고 오랜만에 노크를 했다.

다행히 코로나가 잠시 완화된 시기에, 소식을 들은 사람들이 많이 찾아와 주었다. 소식이 있으면 바쁜 일들도 뿌리치고 찾아와 주는 친구, 해외 봉사를 하며 행복한 시간을 가졌던 사람들, 현재 내가 사랑하고 있는 많은 사람들.. 많은 이들이 먼 곳인데도 하나둘 와줄 때마다 시원한 느낌을 받았다. 세상에 살짝 노크했는데 문이 활짝 열리고 바람이 들어왔다. 사람들은 저마다 각자의 안부를 전해주었다. 각자 어려운 환경이나 상황 속에서도 아등바등 자기의 삶을 즐겁게 찾아가고 있었다.

전시는 4일로 마무리되었지만 상쾌한 기분이 들었다. 여태껏 사라진다는 느낌을 받았었다. 내가 진짜 나로 살아가지 않는 듯한 느낌을 받아서. 그런데 그림으로 슬픔을 표현하고 그 그림들로 사람들을 만나며 다시 공황 증세가 완화되는 모습을 보였다. 이후 앞으로 그림을 계속 그려야겠다 생각했다. 죽고 싶다는 생각을 하지 않는 순간은 이 이야기를 그릴 때뿐이었으니.

그런데 점차 시간이 지나자 문제가 생겼다. 그림도 쉽지 않은 일이라는 걸 체감했기 때문이다. SNS가 발달하고 패드가 생기면서 누구든지 그림을 그릴 수 있는 현대 사회에서, 자기만의 그림을 꾸준히 올리다 성공하는 건 쉽지 않은 일이라는 걸 느끼기 시작했다. 적어도 나는 그랬다. 발이 다친 시기에 웹툰도 비공식 사이트에 올리기 시작했는데, 이 역시도 어려운 현실에 직면하게 되었고 오히려 그림을 그리는 게 더 괴로워지기도 했다. 그렇다고 그만둘 수도 없는 노릇이었다. 그만두게 되면 다시 죽고 싶다 외치던 그 순간으로 가리라 예감이 들었기 때문이다.

그 와중에 몇 년 만에 다시 아빠를 만났다. 취직한 후 오랜만에 연락이 왔고, 동생과 함께 식당에서 밥을 먹고 헤어졌다. 대화는 어떻게 지내냐는 안부부터 시시콜콜한 이야기로 이루어진 내용이었다. 그런데 이때 이후로 다시 상태가 안 좋아지기 시작했다. 거대한 무게 추가 온몸을 짓누르는 기분이 들더니 또다시 아무것도 하지 않고 싶어지고 무기력해졌다. 또 어린 시절 무언가가 건드려진 것이었는지, 다시 폐소공포증이 오기 시작했다.

이후 마음속에서는 자꾸만 울렁거림이 생겼다. 집에서 사소한 부탁이 와도 속에 무언가 쌓이는 기분이 들었고 직장에서도 내가 소화할 수 있는 일들의 한계치를 넘어 힘겹게 나 자신을 지탱하고 있는 와중이었다. 안 좋은 일이 연이어 생기자 마지막 병원 상담에서 결국 울음을 터트렸다. 다 족쇄라고 생각했다. 집의 가장이 된 것부터, 먼 미래까지 동생을 보살펴야 한다는 막막함, 돈을 벌기 위해 직장을 그만두지 못하고 끝까지 계속해야 한다는 부담감, 모든 사람에게 성실하고 믿음직한 사람으로 보이는 것까지 모두.

결국 불똥이 다른 곳에 튀었다. 한 단체의 장을 맡을 상황인데 하지 않겠다고 거부 의사를 밝혔다. 더는 이 족쇄들을 견딜 수가 없었다. 나를 또다시 어린 시절의 방 안으로 몰아세우는 것만 같았다. 이 일로 꽤 마찰이 있었는데, 이 일들을 본 한 사람의 말에서 충격을 받았다.

"그날은 꼭 완전히 다른 사람이 서 있는 것 같았어."

한순간 두들겨 맞은 충격이었다. 내 속은 정처 없이 소용돌이치고 온갖 사물들이 부서져 엉망진창인데, 다른 사람들은 나를 평온한 호수의 사람으로 착각하고 있었다. 그리고 그렇게 보이게 한 건 나 자신이었다. 각진 공간 속 폭력의 상황에서 울부짖는 어린 시절 나를, 동물원 같은 운동장 속에서 외로워 서글퍼하는 나를 또다시 가짜 내 모습 아래 깊은 곳으로 넣어버린 건, 바로 나였다고. 그래서 그러지 말라고, 나 좀 꺼내 달라고 떨며 움직이던 건 내 심장. 깊은 곳의 내 마음이 아니었을까?

더는 가면을 쓸 수가 없었고 족쇄를 스스로 찰 수가 없었다. 밝게 웃고 착하고 멀쩡해 보이는 내가 되기 싫었다. 그림처럼 무수한 슬픔을 가진 온전한 모습을 드러내고 싶었다. 이제 어른스러운 것처럼 보이고 싶지 않았다.

이후 나는 모든 걸 내려놓고 갔다. 다시는 내가 아닌 나를 연기하고 싶지 않았다. 누군가의 평가도 상관없고, 잘해야겠다는 생각에도 사로잡히지 않고. 이런 나를 본다면 사람들은 좋지 않게 볼까? 그렇다면 다시 외톨이가 되겠지만 어쩔 수 없지란 생각을 하며 사람들에게 다가갔다. 이제 내 안에서 나오는 감정을 존중하기로 했다.

그런데 사람들의 반응은 예상 밖이었다. 사람들은 있는 그대로 날 덤덤히 받아주었다. 우울하면 우울한 대로, 화가 나면 화가 난 대로, 기쁘면 기쁜 대로-있는 그대로를 바라봐주는 그들에게 미안함을 느끼기도 고마움을 가지기도 하는 상황들이 생겼다. 감정이 오고 가는 소통이 이루어졌다. 진짜 대화를 할 수 있게 된 것이다.

나에겐 여전히 많은 숙제가 남아 있다. 아빠에 대한 트라우마를 이긴 것도 아니고, 가족에 대한 걱정은 여전하며 미래는 막막하다고 느낀다. 동생에 대한 시선이 좋지 않은 사람을 볼 때면 여전히 불편하고, 잘하려는 노력들이 좌절될 때마다 깊은 절망감을 느끼기도 한다. 감정의 둑이 터지는 바람에 내면의 파도가 아직도 미친 듯이 치고 있다. 어느 정도 사회생활을 하려면 적당히 해야 할 텐데 말이다.

그러나 이제는 나를 가두며 살지 않겠다고 마음을 다졌다. 스스로 족쇄를 차지 말자고. 있는 그대로의 나를 마음껏 그리고 노래하자고.

이제 그 방에서 나오자고.

가만히 들여다보면

송미림

송미림

15년 차 방송작가. 쉼 없이 방송 원고를 써 왔지만, 정작 '내 얘기'를 써본 적은 없었다. 반려견 모찌와 함께 동네 산책하는 시간을 좋아한다. 과몰입이 심한 편으로 워커홀릭이라는 소리를 듣는다. 감정이 많은 편이고, 작은 것에도 의미를 부여한다. 몸집에 비해 겁이 많다. 나이 들어도 상처를 잘 받는 자신이 때론 안쓰럽다. 계획 없이 무작정 떠나는 여행을 선호한다. 도시보다는 푸른 숲길을 걸을 때 행복감을 느낀다.

프롤로그

산골 작은 민박집에 짐을 풀고 뒷산을 오르기 시작했다. 새소리가 무성한 산을 얼마나 올랐을까. 이름 모를 들꽃들이 하나둘씩 보이기 시작했고, 키 큰 나무들은 적당한 간격을 유지한 채 빼곡하게 서 있었다. 마치 내게 '어서 와'라며 손을 내미는 것만 같았다. 이따금 불어오는 바람에 땀을 식히며 숲길을 올랐다. 나무 그늘에 앉아 물 한 모금을 들이켜며 초록으로 가득 찬 숲을 바라보았다. 나를 둘러싼 세상이 고요해졌다. 내가 찾던 무언가가 어렴풋이 보이는 것만 같았다.

◀◀ 되감기

누구나 자신만의 방식으로 삶을 살아간다. 그저 열심히 사는 것이 최선이라는 세상의 공식 아래 나 역시 뒤처지지 않으려 안간힘을 썼다. 고집스러운 의지와 열정으로 달려왔다. 어쩌면 더 잘하고 싶어 애쓰는 마음이 자신을 옥죄고 있었는지도 모르겠다.

그날 역시 마찬가지였다. 눈코 뜰 새 없이 일주일이 지나고 후반작업을 남겨둔 상황. 새벽 3시가 지났을 무렵일까. 머리를 쥐어짜며 원고를 써 내려가던 두 손이 키보드 위에 갑자기 멈췄다. 모니터 속 글자들은 마치 아지랑이처럼 피어오르고 있었다. 놀란 마음을 숨긴 채 눈을 비비고 안경을 고쳐 썼다. 눈을 크게 뜨고 다시 모니터를 봤지만, 쓰다 만 문장은 여전히 흐릿하게 흔들리고 있었다. 당황한 나머지 눈물이 터져 나올 것 같았지만, 거침없이 흐르는 시간 앞에 마음을 다잡아야 했다. 원고를 마무리하고 오전에 시간 맞춰 보내는 일이 급선무였다. 모니터 속 희뿌옇게 어른거리는 글자들을 쫓으며 타이핑을 치는 두 손이 사시나무 떨듯 떨려왔다. 눈앞이 시꺼멓게 타들어 가는 사이 창밖으로 동이 트고 있었다.

가까스로 원고를 넘기고 동네 안과로 달려갔다. 몇 가지 기본 검사가 진행됐고, 검사 결과지를 훑던 의사의 안색이 먹다 남은 아메리카노처럼 어두워졌다. 그 표정이 희석되길 기다리고 있다가 또다시 시작된 통증에 양쪽 눈을 찌푸리며 마른침을 삼켰다. '현재 안압이 높아져 있고, 녹내장이 우려되는 수치가 보인다. 원인이 뭔지 모르겠지만, 자가면역질환이 의심된다'는 진단과 함께 소견서를 써 줄 테니 대학병원에 가서 검사받아보는 게 좋겠다고 했다.

흰 봉투에 담긴 소견서를 건네받고 집으로 돌아가는 길. 방금 실연이라도 당한 여자처럼 걸음은 휘청거렸고, 만 가지 걱정과 근심들이 눈앞에서 거미줄을 치기 시작했다. 울먹이며 동생 미래와 통화를 했고, 동생은 검사받으면 다시 괜찮아질 거라며 침착하게 나를 다독였다. 숨을 가다듬고 대학병원에 전화를 걸었다. 당장 이번 주엔 예약이 꽉 차 있어서 일주일 뒤에나 예약이 가능하다는 상담원의 무미건조한 음성이 귓가를 스치고 지나갔다.

어쩌면 그날의 절망은 이미 예견된 일이었는지도 모른다. 2년 전부터였을까, 눈이 뻑뻑하고 따갑게 느껴지는 통증이 수시로 찾아왔다. 처음엔 안구건조증이라고 가볍게 넘겼지만, 증상은 날로 심해졌다. 마치 열댓 개의 속눈썹이 작정하고 눈을 찌르는 것만 같았다. 아침에 일어나면 창 넘어 들어오는 작은 빛에도 눈이 부셔서 눈을 제대로 뜰 수가 없었다. 눈 시림 증상은 점점 심해져 두 눈에선 시도 때도 없이 눈물이 흘러내렸다. 밤을 새우며 무리한 날이면, 어김없이 실핏줄이 터져 눈 속에 온통 빨간 멍이 든 것만 같았다. 그렇다고 무조건 방치한 건 아니었다. 미루고 미루다가 찾아간 안과에서는, 기본적인 검사와 함께 "안구 건조가 심하니, 모니터를 보지 마세요."라는 얼토당토않은 소리를 들어야 했다. 노트북으로 일해서 먹고사는 사람한테 모니터를 보지 말라니!

노트북 앞에 앉는다. 당장 작업이 급한데, 욱신거리는 눈의 통증이 다시 시작됐다. 타이핑을 간신히 이어가는데, 오른쪽 눈에서 매운 눈물이 쏟아져 나왔다. 휴지로 눈물을 훔치고 오른쪽 눈을 질끈 감았다. 그 순간 온몸의 신경이 바짝 곤두서는 것만 같았다. 처방받아온 안약을 눈 안에 넘치도록 채워 넣고, 힘주어 눈을 감는다. 그러고 나면 잠깐이라도 통증이 멎는 듯했다. 눈을 잔뜩 찌푸린 채 몇 글자 쓰다 말고 새어 나오는 눈물을 닦아내기를 여러 번, 한 문장을 겨우 완성했다. 일회용 안약이 옆에 없으면 불안할 지경에 이르렀고, 일할 때면 나도 모르게 바짝 날이 선 것처럼 예민한 사람이 되어갔다.

15년간 방송작가로 살아오면서 남들 다 쉬는 주말, 공휴일은 말 그대로 남의 일이었다. 공들여 섭외했던 사람이 변심하여 다시 급하게 섭외해야 하는 일이 허다했고, 아무리 열심히 취재해도 현장에선 예상치 못한 일이 터졌다. 가까스로 촬영이 끝나면, 피디가 촬영한 영상을 돌려보며 편집 구성을 어떻게 할지 고민한다. 가편이 나오면, 자막과 더빙원고를 써야 하는 숨 가쁜 여정이 기다리고 있다. 언젠가 한 번은 피디 옆에 붙어 앉아서 편집 수정을 모두 마치고 밖에 나왔는데, 눈이 소복하게 쌓여있는 것이 아닌가. 발목까지 쌓인 눈을 보며 순간 멍해졌다. 그 해 첫눈은, 머리도 못 감고 3일 동안 편집실에서 한 컷 한 컷 고치고 붙이기를 반복하는 동안 소리도 없이 내리다가 쌓였고, 그쳤다.

마치 영혼이라도 갈아 넣듯 한 편을 마무리 짓고 나면, 어김없이 몸살을 앓았다. 방송은 문제없이 나갔지만, 정작 그 후련함이나 기쁨은 오래가지 못했다. 한 편이 끝나기 무섭게 다음 편을 준비하는 일에 급급했다. 매달 방전된 체력을 끌어올리며 달리는 사이 몸은 여러 차례에 걸쳐서 신호를 보내왔다. 양쪽 어깨는 벽돌처럼 딱딱해졌고, 목덜미는 자주 걸렸다. 바짝 예민해져서 일할 때면 두통약은 필수였다. 한 번은 아침에 일어나자마자 왼쪽 목덜미와 어깨에 담이 크게 와서 30분을 신음하며 꼼짝도 못 하고 누워있던 적도 있었다. 밤을 꼬박 지새우고 집에 들어가면, 두들겨 맞은 것처럼 온몸이 아파서 쉽게 잠들지도 못했다.

엄마는 늘 골골대는 내게 작가 일을 그만두라고 주기적으로 말했다. 몸 상하고 시집도 못 간다며 돌직구를 날렸다. 바빠서 힘든 기색이라도 보이면, '바쁘다고 유세 떠냐?'는 엄마의 말이 가슴을 후벼 팠다. 그저 눈앞에 놓인 일을 하고 있을 뿐인데…….

들쭉날쭉한 업무 형태, 밤낮없이 일하는 비정규직 프리랜서. 딸자식이 고생하는 게 엄마로서 보기 싫으셨을 거다. 그 마음을 헤아리다가도 헤아리지 못했다. 언제부턴가 엄마와의 소통이 어려워졌다. 좋게 대화를 나누는 것도 잠시, 얼마 못 가 서로 얼굴을 붉히며 감정이 격해질 때가 잦았다. 말대꾸를 계속하다가는 나쁜 딸이 될 것만 같았다. 목구멍까지 밀려온 말들을 다시 밀어 넣으며 닭똥 같은 눈물만 뚝뚝 흘렸다. 미운 마음들이 삐죽삐죽 올라왔고, 눈덩이처럼 커져만 갔다. 엄마와 부딪칠 때마다 괴로운 마음에서 벗어나기 위해 할 수 있는 일은 별다른 게 없었다. 악착같이 일에 매달리고, 버텼다.

'네가 판단하고 결정한 선택이니까 죽이 되든 밥이 되든 알아서 잘 해봐, 네 인생이니까.'

엄마에게 단 한 번이라도 그 말을 들어보고 싶었다.

딱딱해진 빵을 입속에 밀어 넣으며 더빙 글을 써 내려간다. 서브 작가 시절 그토록 꿈꿨던 1시간짜리 다큐멘터리를 만들게 되었고, 안정적인 수입도 얻게 되었다. 하지만 늘 뭔가에 쫓기듯 마음이 바빴다. 새벽 늦게 잠자리에 들면, 꿈에 출연자가 나왔다. 꿈속에서도 촬영에 필요한 상황을 만들기 위해 머리를 굴리고, 바쁘게 뛰어다녔다.

아침에 일어나자마자 노트북의 전원을 켠다. 바탕화면 위로 어수선한 마음의 조각들이 마우스 커서처럼 깜빡이고 있었다. 진정으로 원하는 삶을 살고 있는가, 스스로 질문을 던졌지만, 메아리는 돌아오지 않았다. 그렇게 앞만 보고 내달리는 동안 숱하게 잔병치레를 겪어야 했고, 머리와 몸은 돌덩이를 달아놓은 것처럼 늘 무거웠다. 불규칙한 생활에 살은 점점 불어났으며, 그렇게 나이만 먹었다.

안과에 다녀온 다음 날, 본가에 갔다. 여느 때처럼 반갑게 맞아주는 부모님과 함께 식사하다가 말을 꺼냈다. 초점을 잃고 글자가 잘 안 보였던 그날의 정황을 설명하다가 울음이 터지고 말았다. 그날의 공포가 다시금 되살아났다. 내가 좋아하는 글을 다시는 읽지도, 쓰지도 못할 것만 같았던, 그 아찔한 절망감이 떠올랐다. 길에 넘어진 아홉 살처럼 꺼이꺼이 소리 내어 울었다. 당황한 기색도 잠시, 덩치가 산만한 딸의 어린애 같은 모습에 부모님은 이내 웃음을 터뜨렸다.

"그러게, 누가 그렇게 일하라 했니? 쉬면 괜찮아질 거야."

멋쩍은 듯 눈물을 그치고, 밥그릇에 남은 밥을 싹싹 긁어 먹었다.

잠시 쉬어야 할 것 같다고 회사 대표님께 연락을 드렸고, 버스표를 예약했다. 갈 곳을 정하는 건 어려운 일이 아니었다. 그냥 이대로 있으면 안 되겠다는 생각에 정신이 번쩍 들었다.

■ 잠시 멈춤

오전 7시 20분. 경남 산청으로 가는 버스가 출발했다. 하염없이 창밖을 바라보다가 또다시 시작된 눈의 통증에 슬그머니 커튼을 치고, 두 눈을 꾹 감았다. 얼마나 달렸을까. 산청 원지 터미널에 도착했다. 터미널 맞은편에서 시내버스를 기다렸다. 하루에 4번밖에 오지 않는다는 버스. 오후 1시 40분 버스를 놓치면 4시간을 기다려야 한다. 잠시 뒤 무사히 버스에 탑승했고, 버스는 굽이굽이 산길을 달리기 시작했다. 창밖으로 줄지어 선 감나무들이 빠른 속도로 지나갔다. 잊고 있던 가을에 갑작스럽게 초대받은 기분이 들었다. 그렇게 한참을 달려 종점에 다다랐다. 기사님은 '아가씨가 이 외진 시골엔 무슨 일이냐?'며 의아해했다. 그러고는 돌아가는 버스 시간표는 알고 있냐며, 버스 운행 시간을 연거푸 알려주셨다. 고맙다는 인사를 하고 돌아서는데, "어이, 아가씨!" 하며 나를 다시 불러 세웠다. 기사님은 운전석에 있던 검은색 봉지를 뒤적이더니 주먹보다 큰 단감 두 개를 꺼냈다. 단단하게 잘 익은 단감을 건네받은 두 손이 감빛으로 물드는 것만 같았다.

휴대폰 속 지도를 들여다보며 인적 드문 시골길을 오르고 또 올랐다. 새들의 지저귐이 귓속에 가득 찰 무렵 언덕 너머 흙집 한 채가 눈에 들어왔다. 노부부가 운영하는 민박집은 투박하면서도 자연을 닮아 있었다. 통나무와 흙을 쌓아 만든 오래된 집은 적갈색의 넝쿨이 우거져 있었다. 자갈이 깔린 둥그런 마당 한 편엔 자그마한 연못이 있었고, 아기자기한 꽃밭은 주인장의 애정 어린 손길이 묻어있었다.

짐을 풀고 물병을 하나 챙겨서 밖으로 나왔다. 뒷산을 오르기 시작했다. 가을 햇살 아래 융단처럼 폭신폭신한 흙길이 펼쳐졌다. 낙엽 밟는 소리는 마치 감자 칩을 한 입 베어 먹을 때 나오는 '바사삭'하는 소리와 비슷하게, 연신 경쾌한 소리를 냈다. 바스락바스락.

이내 얼굴엔 땀방울이 송골송골 맺혔다. 목을 뒤로 최대한 젖힌 채 하늘을 바라보는 순간 깊은 한숨이 새어 나왔다. 다시 걷기 시작한다. 이렇게 무턱대고 걷는 것도 오랜만의 일이었다. 만약 이곳에 오지 않았더라면, 미간에 잔뜩 힘을 주고 키보드를 두드리고 있었을 모습이 그려졌다. 머릿속에 잡다한 생각들이 계속해서 피어올랐고, 그럴 때마다 의식적으로 숨을 크게 들이쉬고 내쉬기를 반복했다. 생각의 옆구리에 휴대폰처럼 전원 버튼이 달려있으면 얼마나 좋을까 생각한다. 낮은 산을 오르면서 맞은편 산을 힐끔힐끔 쳐다봤다. 노랗고 붉은빛으로 물들고 있는 산은 파란 하늘과 닿아있었다. 바닥에 털썩 자리를 깔고 앉아서 목이 뻐근하도록 하늘을 바라봤다. 힘을 빼고 가늘게 뜬 두 눈 속으로 바람이 들어왔다가 나간다.

첫날은 아무것도 하지 않고 그냥 발 길이 닿는 대로 걷기만 했다. 땡

별 아래 심심찮게 불어오는 산바람을 맞으며 걷는 내내 종아리가 아파도, 아픈 것이 아니었다. 파란빛으로 은은하게 물든 저녁 하늘을 들여다보고 있으면, 너그러운 마음이 꿈틀대며 샘솟는 것만 같았다. 실수로 검은색 물감을 쏟아버린 듯 순식간에 까만 어둠이 밀려왔다.

구들장 깔린 황토 방에 이불을 깔고 누웠다. 뒤척임도 잠시, 노곤함에 바로 잠이 들었다. 새벽 2시 무렵, 등바닥이 불에 데는 것처럼 뜨거워서 잠이 깼다. 갑자기 목이 타서 불을 켜고 물을 들이켰다. 방송 2편을 쉬기로 했고 아무도 나를 찾을 리 만무했지만, 왠지 모를 불안과 잡념이 이불 속까지 얼씬거렸다. 불을 끄고 누웠지만 잠이 오지 않아 휴대폰을 계속 만지작거렸다. 내일을 걱정하지 않아도 되는 지금이 얼떨떨하고 이상했다.

다음 날 아침, 알람이 울리기도 전에 잠이 깼다. 귓전에 대고 지저귀듯 바깥의 새소리가 방 안까지 쩌렁쩌렁 울렸다. 눈을 비비며 창으로 다가갔다. 황토물로 염색한 작은 커튼을 옆으로 넘기자 통유리 너머로 감나무의 두툼한 허리가 가득 들어온다. 마치 한 폭의 그림처럼 우뚝 서 있는 감나무의 가지엔 주홍빛 단감이 족히 서른 개는 넘게 매달려 있다. 창가 맞은편 벽으로 다가가 등을 기대고 앉았다. 그렇게 가만히 창 너머 감나무 풍경을 바라보고 있는데, 샛노란 멜빵바지를 차려입은 것 같은 개똥지빠귀 한 마리가 날아왔다. 나뭇가지에 앉아서 잘 익은 감을 부리로 콕콕 쪼아 먹기 시작했다. 그 모습이 생경하면서도 재밌어서 넋을 놓고 바라보았다. 불어오는 바람에 감나무 가지가 춤추

듯 흐느적거렸다. 부지런히 감을 쪼아 먹던 개똥지빠귀가 이내 날아가고, 빈 가지가 파르르 떨렸다.

풍경은 그대로 멈춰 있는 듯 보이지만, 한 시도 그대로 머물러있지 않았다. 가만히 들여다보면, 우리가 호흡하듯 미세하게 움직이며 시시각각 빛깔이 바뀌었다. 나란 존재가 자연의 품 안에 숨 쉬는 작은 씨앗에 불과할지도 모른다고 생각하니 마음이 깃털처럼 가벼워졌다.

눈곱도 채 떼지 않고 마당으로 나왔다. 내리쬐는 아침 햇살 아래 마당에 깔린 자갈은 따뜻하게 달궈지고 있었다. 슬리퍼를 벗고 맨발로 자갈밭 위에 올랐다. 처음엔 옴짝달싹 못 할 정도로 발바닥이 아팠지만, 자갈에 스민 따스한 온기를 느끼며 천천히 발걸음을 옮기자 발바닥 구석구석이 시원해졌다. 한참을 맨발로 서성이며 시간을 보내고 있는데, 주인장 어머니가 곁으로 다가왔다.

“시원하지? 나는 아침저녁 맨발로 걷는데 너무 좋아. 자, 이거 가져가서 먹어.”

수줍게 웃으며 홍시와 귤, 삶은 달걀 하나와 대추차가 담긴 쟁반을 건넸다. 이파리가 큰 하얀색 꽃이 그려진 황토색 쟁반을 들고 감나무 아래 정자로 향했다. 주인장 부부가 손수 지었다는 정자에는 ‘세심정’이라는 이름이 새겨져 있었다. 가만히 앉아있으면 저절로 마음이 씻기고, 가벼워질 것만 같은 정자에 올라 자리를 잡았다.

잘 익은 홍시를 한 입 베어 물자 부드러운 단맛이 입 안 가득 고였다. 느긋함을 느끼고 싶은 마음에 고개를 들어 주위를 둘러봤다. 코를 벌름이자 짙은 풀 향기가 느껴졌다. 지금 시간이 몇 시 몇 분인지 하나도 중요하지 않았다. 대추차를 홀짝 들이켜니 달짝지근한 고명이 씹혔다.

돌이켜보면 지난 15년 동안 내 머릿속에 새겨져 있던 날짜의 대부분은 '방송 날짜'였다. 매주, 매달 돌아오는 방송 날짜에 맞춰서 문제없이 방송을 만들어내야 한다는 사명감에 사로잡혀 있었다. 늘 잠이 부족해서 피곤을 달고 살았지만, 긴장을 늦추는 법이 없었다. 어딜 가더라도 노트북 가방을 챙겼다. 마치 봇짐을 한가득 등에 얹고 시커먼 밤을 건너는 졸린 눈의 당나귀 같았다.

시간의 중심은 철저하게 방송 스케줄에 맞춰져 있었고, 주변 사람들은 서서히 지쳐갔다. 친구들의 생일이며 결혼식에 불참하는 일이 허다했다. 5년 차가 되었을 무렵, 친구들은 거의 다 떠나고 곁에 없었다. 이따금 커피 찌꺼기 같은 씁쓸함이 차올랐지만, 어쩔 도리가 없었다. 언젠가 오랫동안 소원해졌던 고등학교 친구에게 연락했다. 친구는 들뜬 목소리로 대화를 이어가다가, 아이가 내년이면 초등학생이 된다는 소식을 전했다. 그 말이 생선 가시처럼 마음 언저리에 걸려 내려가질 않았다. 한 아이가 세상에 태어나 옹알이하고 걸음마를 떼던 순간, 나중엔 말문이 트여 엄마에게 되지 않는 말대꾸도 했을 황홀한 순간이 모이고 쌓여 7년이 흘렀다. 그 7년이라는 시간을 끄집어 거슬러 올라갔지만, 그때나 지금이나 나는 소처럼 일만 하고 있었다.

치열하게 사는 동안 많은 것을 배우고 터득하며 작가로서 성장해왔지만, 언제부턴가 한 번씩 나를 잃어버리는 것만 같은 서글픔에 허우적거렸다. 습관처럼 야식과 폭식을 반복했지만, 마음속 허기는 채워지지 않았다.

민박집 마당에서 햇볕을 쬐고 있는데 손님이 찾아왔다. 민박집은 전통찻집을 함께 운영하고 있었는데, 차를 타고 지나는 외지 손님들이 가끔 찾아온다고 했다. 두 분의 손님 중 한 분은 의령의 작은 사찰에서 오신 스님이었다. 자연스럽게 인사를 나눴고 몇 마디 말을 주고받았다. 내가 서울에서 왔다는 말을 듣더니 새삼 놀라며, 이곳 찻집의 따님인 줄 알았다는 말을 덧붙였다. 눈썹이 희끗희끗한 스님이 대뜸 여기엔 왜 왔냐고 물었다. 머뭇거리다가 슬쩍 웃으며 "비우려고 왔어요." 라고 대답했다. 그러자 스님은 기가 찬다는 듯이 코웃음을 쳤다.

"거짓말! 비운다고 하면서 채우려고 온 거야. 쉬면서도 계속 구상하겠지!"

스님의 한마디에 뒤통수를 한 대 맞은 것처럼 얼얼해졌다.

복잡한 머릿속을 비운다고 하면서도 무언가를 계속 채우려 했다. 막상 비우려고 했지만, 떠나가지 못한 생각들은 내 안에 무수히 많은 돛배가 되어 정처 없이 떠다니고 있었다.

산청에서의 마지막 날. 주인장 부부와 커피 한잔을 하면서 못다 한 이야기를 나눴다. 도시에서 바쁘게 살다가 중년이 다 되어 이곳 산으로 들어왔다는 부부의 이야기. 주인장 아버지는 한껏 들뜬 목소리로 말을 이어 나갔다.

"별 볼 일 없는 인간이란 소리 들어봤죠? 요즘 사람들은 바쁘니까 별을 안 보고 살아. 그래서 별 볼 일이 없는 거야."

그의 말에 고개가 끄덕여졌다. 매일 밤, 쏟아지는 별을 바구니에 한가득 주워 담을 수 있다면 얼마나 좋을까.

계획 없이 떠나온 여행이었기에 다음 여정을 준비해야 했다. 며칠 묵었던 이곳처럼 조용한 곳이면 좋을 것 같았다. 작가 기질을 발휘해 열심히 검색하다가 전북 남원이 눈에 들어왔다. 남원이라는 지명은 춘향전의 배경지로 잘 알려진 탓에 익숙했지만, 그게 전부였다. 북적이는 관광지 너머 호젓한 어떤 곳이 숨어 있지 않을까, 인터넷 검색을 하는 손이 바빠졌다.

다음 날 아침, 산청을 떠나기 전 아쉬운 마음에 마을을 크게 한 바퀴 돌고 있었다. 나뭇가지에 앉아있는 참새들을 구경하고 있는데, 아빠에게 전화가 왔다.

"밥은 먹었어? 눈은 좀 어때?"

안부를 묻는 아빠의 목소리가 새소리보다 정겹고 따뜻하게 들렸다.

아빠는 술기운을 빌리지 않고서는 말수가 거의 없었다. 그런데 산청에 머무는 동안 무뚝뚝한 아빠에게서 매일 아침 전화가 왔다. 아프다고 울며 여행을 떠난 딸이 밥은 잘 먹고 다니는지 내심 걱정되었던 모양이다.

"난 잘 지내고 있어! 밥도 잘 먹고."

씩씩한 목소리로 대답하면서, 거드름 피우듯 여기 공기가 너무 좋다는 말을 덧붙였다. 전화기 너머 허허, 웃는 아빠의 웃음소리가 들린다. 한때 호랑이보다 무서웠던 아빠와 시시콜콜한 대화를 주고받으며 잔잔하게 일렁이는 아침 호수를 바라본다.

여행 오기 전 안과에서 눈의 염증이 심각한 상태고, 통증이 지속될 테니 하루에 3번씩 약을 쓰라는 당부와 함께 스테로이드제를 포함한 2가지 안약을 처방받아왔다. 매일 시간 맞춰서 눈에 약을 넣어왔지만, 여행 3일째부터는 가방에서 안약을 꺼낼 일이 거의 없었다. 희한하게도 더 이상의 통증이 멎은 듯 느껴지지 않았다.

주인장 부부와 작별하고, 전북 남원으로 향했다. 남원에서 숙소로 가는 버스를 놓쳐서 택시를 타고 시골길을 달렸다. 어스름한 저녁에 도착한 이곳에서 처음 마주한 풍경은 기다란 화선지에 먹으로 그린 것만 같은 지리산 자락이었다. 병풍처럼 펼쳐져 있는 산의 등줄기가 짙은 회색빛으로 물들어 근엄해 보이기까지 했다. 기와집 위 나무를 깎아 만든 새 형상의 솟대가 산 너머를 응시하고 있었다.

이곳은 매년 오월, 야생 찻잎을 채취해 일일이 손으로 덖고, 발효시켜 차를 만드는 곳이었다. 차를 만들고, 다양한 체험 행사를 진행하고 계시는 분들이 세 분 계셨다. 매일 아침 7시, 차방에 모여 차를 마신다며 원하면 자유롭게 참여하라고 했다. 일찍 일어나야 한다는 부담은 있었지만, 거절할 이유는 없었다. 경험해 보지 못했던 것에 대한 호기심이 은근하게 차올랐다.

다음 날 아침, 알람 소리에 맞춰 6시 반에 눈을 떴다. 흐르는 물에 대충 얼굴을 씻고 옷을 갈아입었다. 방문을 열고 나왔는데, 눈앞에 펼쳐진 광경에 입이 벌어졌다. 거대한 몸집의 새벽안개가 세상을 휘감고 있었다. 운동화에 발을 반쯤 구겨 넣고 앞으로 몇 발짝 걸어가려는데, 도무지 앞이 보이지 않았다.

겁 많은 내가 어디서 그런 용기가 났는지, 뒤뚱거리며 한 치 앞도 볼 수 없는 새벽안개 속으로 걸어 들어갔다. 짙은 안개 더미에 파묻혀 아무것도 보이지 않는데, 갑자기 무언가가 내 콧속으로 파고들었다. 은은하면서도 달콤한 꽃향기였다. 돌담에 흐드러지게 핀 꽃들이 부지런히 향기를 내뿜기 시작했다. 손을 허우적거리면서 한 걸음씩 내디뎠다. 그렇게 돌담길을 천천히 걸어 내려오는 사이 눈앞에 가득 찼던 안개가 걷히고, 정겨운 시골 풍경이 나타났다. 화려한 것 없는 단순하고 소박한 시골 풍경. 그 싱거운 풍경을 눈에 담으며 차방에 도착했다.

그곳에 모인 이들과 함께 커다란 나무 테이블에 마주 앉았고, 몇 년 묵은 야생차를 우려서 나눠 마셨다. 녹차라곤 티백 녹차밖에 몰랐던 탓에 살짝 긴장되었고, 이를 들킬세라 눈을 지그시 감고 차 맛을 음미했다. 목구멍을 타고 들어가는 따끈한 온도의 차는 은은한 향과 함께 쌉싸래한 맛이 살짝 났다. 신기하게도 차를 여러 번 우려낼수록 맛이 달라졌다. 쌉싸래하던 맛이 점점 사라지고 특유의 단맛이 더해졌다. 호로록 차를 들이켜자 차의 단 향이 입 안 가득 퍼졌다. 공복에 차를 여러 번 우려 마시며 우리는 소소한 담소를 나눴다.

이곳에서의 아침은 어느 때보다 더 느리게 흘러갔다.

차를 마신 뒤, 이곳에 머물며 차 공부하고 계신 선생님 한 분과 뒷산을 올랐다. 젊은 시절, 학생들에게 일본어를 가르쳤다는 선생님은 어느 날 맛본 차의 향기에 매료돼 교편을 놓고, 차 공부를 시작했다. 한 모금의 차가 그녀의 인생에 얼마나 큰 감동으로 다가왔을지 가늠조차 할 수 없었다. 차와 함께 세월을 보낸 흰 머리의 그녀에게서 단정하고 부드러운 기품이 느껴졌다. 짧은 대화 틈새로 어딘지 모를 쓸쓸함이 엿보였지만, 초면에 많은 말을 건네기엔 조심스러워 말을 아꼈다.

울창한 소나무가 빼곡한 숲을 걷다가 고개를 들어 하늘을 봤다. 살찐 곰을 닮은 구름이 느리게 지나갔다. 멀리서 들려오는 물소리를 따라 발걸음을 옮겼다. 운동할 겸 아침 산보를 즐긴다는 선생님은 성큼성큼 계곡 아래로 내려갔다. 그 뒤를 열심히 따라가고 있는데, 그녀가 한껏 상기된 목소리로 저만치에 있는 바위틈을 가리켰다.

"저 꽃 본 적 있어요? 엄청 귀해서 보기 힘든 꽃인데, 세상에!"

바위틈에 나 있는 풀숲 사이로 보랏빛이 감도는 작은 꽃봉오리가 보였다. 깊은 산속에 꼭꼭 숨어 사람들 눈에 쉽게 띄지 않는다는 꽃, '용담화'라고 했다. 꽃이라고 하면 소녀처럼 좋아하는 엄마의 모습이 잠시 스치고 지나갔다. 용담화의 가냘픈 꽃봉오리가 아침 찬 공기에 파르르 떨리는 듯 보였고, 그 수줍음에 자꾸만 눈길이 갔다.

가만히 앉아서 숨을 크게 내쉬자 나를 둘러싼 산과 계곡이 웅장한 음악처럼 느껴졌다. 프로그램을 그만두고 잠시 쉬게 될 때면 늘 산을 찾았다. 허기진 마음을 채우려 찾은 산에서는 아무것도 하지 않아도 충분했다. 지그시 눈을 감고 있으면, 자연의 숨결이 나를 어루만져 주었다. 많은 것들을 놓치고 살았구나, 무엇을 위해 그토록 아등바등 살았을까. 애달픈 생각의 물살에 코끝이 시큰거렸다. 거칠 것 없는 물줄기가 귓속까지 흘러넘치고, 청량한 바람이 얼굴을 스치고 지나간다. 정신이 맑아지고 시야가 선명해진다.

그렇게 일주일간의 휴식에도 마침표를 찍어야 할 때가 찾아왔다. 서울로 돌아가기 전날 밤. 그날은 시월의 마지막 날이었다. 아침 7시면 함께 모여 차를 내려 마시던 정겨운 사람들과 황토 방에 모였다. 밤바람은 찬데, 방바닥은 제법 뜨끈하여 금방이라도 기분 좋게 눈이 감길 것만 같았다. 은은한 맛이 감도는 꽃차를 나눠 마시며 도란도란 담소를 나누던 밤. 우리는 '잊힌 계절'을 나지막이 부르며 흘러가는 밤을 아쉬워했다.

여행을 떠난다는 것은 어쩌면 다시 돌아오기 위한 또 다른 여정이 아닐까. 서로의 행복을 기원하며 인사를 나누고 숙소로 돌아가는 길. 물끄러미 올려다본 밤하늘엔 보석 같은 별들이 총총 박혀 있었다. 걸음을 멈춰 서서 오래도록 반짝이는 별들을 헤아렸다.

▶ 오늘을 산다

서울에 돌아온 다음 날. 예약해 뒀던 대학병원을 찾았다. 1시간 가까이 계속된 정밀 검사. 대기 중인 수많은 환자 사이에서 또다시 가슴이 요동치기 시작했다. 여러 항목의 검사를 모두 마치고, 마침내 전문의를 만났다. 검사 결과지를 훑어보던 전문의는 고개를 갸우뚱거리며 손가락으로 안경을 치켜올렸다. 그러더니 별 이상이 안 보이는데 대학병원에는 왜 왔냐고 반문했다. 문제가 되었던 각막의 상처가 보이지 않으며, 안압 역시 정상 수치로 돌아왔다는 설명이었다. 그는 "그래서요 며칠 관리를 어떻게 하셨어요?"라고 물었다.

"너무 힘들어서 일을 잠시 쉬고, 시골에 갔어요. 산에서 그냥 쉬다가 왔어요."

그러자 전문의는 짧은 웃음을 보이며 한 마디를 툭 던졌다.

"아마도 잘 쉬어서 자연치유가 됐나 보네요."

그는 손에 쥐고 있던 두툼한 결과지를 책상에 내려놓았다. 이상이 발견되지 않았기 때문에 다음 예약을 잡을 필요가 없다고 했다. 처방전 역시 받지 않았기에 빈손으로 북적이는 병원을 빠져나왔다.

횡단보도 앞에서 얼이 빠진 사람처럼 서 있었다. 눈을 껌뻑껌뻑 뜨고 감기를 반복했다. 몇 년을 괴롭히던 눈의 통증이 사라졌다. 예상치 못한 검사 결과에 얼떨떨했지만 기뻤다. 울컥하는 사이 파란불을 놓쳐버렸다. 가만히 서서 다음 신호를 기다렸다.

일주일간의 휴식 속에서 그토록 찾아 헤맸던 것은 무엇일까? 앞으로 어떤 삶을 살아야 할까? 여행을 다녀온 이후 한동안 다양한 감정이 가슴을 뚫고 지나갔다.

나 자신을 돌보지 못했다는 자책감을 털고 일어서야 했다. 마음을 가다듬으면서 바쁘다는 핑계로 잊고 있었던, 혹은 무심히 지나쳤던 주변을 돌아보기 시작했다. 이따금 한 번씩 별 이유도 없이 아빠에게 전화해서 안부를 물었다. '밥은 먹었고?'라고 묻는 서로의 짧은 물음엔 애틋한 마음이 깃들어있었다.

며칠 뒤, 집 근처 시장에서 장을 보다가 엄마 생각이 났다. 사실 독립을 하고 끼니를 챙겨 먹기 위해 장을 볼 때마다 엄마 생각이 종종 났다. 흙 묻은 시금치를 보면, 엄마가 참기름을 듬뿍 넣어 무쳐주던 시금치 무침이 떠올랐고, 통통한 무를 보면, 소고기 넣고 푹 끓여낸 시원한 뭇국이 생각났다. 시장에서 만나는 온갖 식재료들은 엄마의 손맛과 든든한 집밥을 떠올리게 하는 데 충분했다. 가족을 위해 따뜻한 밥을 지어주던 엄마에게 세월은 비껴가지 않았다.

얼마 전 엄마와 이모에게 대상포진이 또 찾아왔다. 부쩍 약해진 엄마의 목소리가 떠올라 무작정 전화를 걸었다. "엄마, 저녁 먹으러 올래? 파스타 해줄게!" 내 말이 끝나기 무섭게 엄마는 환하게 웃으며 바로 승낙했다.

송송 썬 마늘종을 프라이팬에 넣고 볶았다. 새우와 베이컨도 아낌없이 넣었다. 엄마와 이모가 좋아하는 간장 오일 파스타를 만들기로 했다. 냉장고에 김치가 없는 게 생각나서 급한 대로 알 배추 하나를 사왔다. 인터넷에서 조리법을 빠르게 훑어보고는 부랴부랴 양념해 겉절이를 만들었다. 소고기와 청경채를 굴 소스에 휘리릭 볶아 그릇에 담았다. 제법 그럴싸한 저녁상이 차려졌다. 밥상을 받은 엄마와 이모는 어린아이처럼 좋아했다.

"음 맛있네, 간을 아주 잘 맞췄네!"

엄마의 칭찬에 어깨가 으쓱했다. 최근에 겪은 일들을 나누면서 우리는 분명 짧지 않은 대화를 이어가고 있었다. 서로의 마음을 묻고, 듣는다는 것이 새삼 신기하고 경이롭게 느껴졌다. 그날 밤, 가득 쌓인 그릇들을 하나씩 씻어내면서 왠지 모를 감동이 눈앞에 서렸다.

다시 일을 시작했다. 여전히 바쁘게 달려야 하는 일상.

지금까지 해 왔던 일 습관이 하루아침에 바뀌진 않았지만, 자신을 배려하는 마음이 새순처럼 돋아났다. 자기 전엔 뜨끈한 찜질팩을 눈 위에 올린다. 눈 찜질을 하는 동안에는 잡념을 저만치 흘려보내는 연습을 하고 있다. 아침에 일어나면 티포트에 물을 끓인다. 마치 의식을 치르듯 경건한 마음으로 차를 마신다. 녹차 티백도 좋고 레몬을 띄운, 따뜻한 물이면 충분하다. 차 한 잔을 홀짝이며 어질러진 마음을 정리하고, 하루를 시작한다. 환기를 위해 열어둔 창밖으로 시원한 바람이 불어온다. 어느새 잠이 깨고 정신이 맑아져 온다.

이따금 '아팠던 그날'의 기억을 잊고 어리석음을 다시 반복할 때가 있다. 그럴 때면 아무도 없는 산을 오르다가 이름 모를 들꽃을 만나고 불어오는 바람에 취하던, 한없이 고요했던 그때의 마음을 꺼내 본다. 가만히 들여다보면 때때로 보이지 않던 것들이 하나둘 보이고, 잊고 있던 것들이 되살아나 내 어깨를 툭, 하고 건드린다.

지금 이대로가 행복이며, 그저 감사하다고 느꼈던 그 소박하고 애

잔한 감정들이 다시금 차오르면, 오랫동안 꿈꿔온 미래의 모습을 천천히 그려보기도 한다.

눈을 감으면 그때의 흙 내음이, 머리 위로 쏟아지던 가을 햇살이 선연하다.

가장 처음 배우는 사랑

신월

신월

식물 학살자라는 별명을 가질 정도로 식물을 잘 키우지 못했던 사람. 유일하게 자신의 손에서도 잘 자라주는 화분을 만나게 되면서 식물에 대한 글을 쓰기 시작했습니다. 온전한 사랑을 주고 그에 대한 소통 없는 보답을 나눌 때 사랑이란 찬란한 가치임을 느낍니다. 또한 내가 이 세상에 태어나서 가장 처음 배웠던 사랑인 엄마. 그대가 준 손과 그대가 준 마음으로 쓴 이 글을 당신에게 바치고 싶습니다.

인스타그램 : @sinwol_sugacrescent

'산타 할아버지는 알고 계신대. 누가 착한 앤지, 나쁜 앤지. 오늘 밤에 다녀가신대.'

다들 이 노래 알지? 누구나 들어봤을 거야. 산타 할아버지는 누가 착한 애인지 다 아셔. 이름도 주소도 전부 다. 크리스마스 전날이 되면 그 착한 아이들에게 선물을 주기 위해 여행을 떠나시지. 그런데 있잖아. 저 노래에서 말하는 '나쁜 애들'은 어떻게 될까? 생각해 본 적 있어? 아무도 관심 없었지? 지금부터 내가 알려줄게.

산타 할아버지께 1년 동안 작성된 착한 아이 리스트가 갈 때쯤, 나한테는 1년 동안의 나쁜 아이 리스트가 도착해. 어느 정도 크면 이름을 빼버리는 착한 아이 리스트와 달리 나쁜 아이 리스트는 성인이 되기 전까지의 아이들을 모두 담당하지. 특히 14살에서 19살까지의 이름이 아주 많아. 아이들은 나쁜 짓을 할 때마다 벌점을 받게 돼. 벌점이 높을수록 리스트에서 상위를 차지하게 되지. 벌점 99점이 되면, 그땐 내 차례야. 그 아이들이 마지막 1점을 채우기 전에 난 벌을 주러가. 왜 100점이 아니냐고? 그건……. 아직은 비밀!

아, 맞다. 너희들 내가 누군지 궁금하겠구나? 그것부터 설명을 해줬어야 했는데. 난 고귀한 귀족 악마고 이름은 뽀미. 너무 안 어울린다고? 나도 알아. 사실 아무렇게나 불러도 상관없어. 내 이름은 매번 바뀌거든. 얼굴도, 목소리도, 성격마저도. 지금은 보송보송한 까만 털 옷을 입은 작은 고양이의 모습을 하고 있어. 크고 파란 눈은 살짝 눈꺼풀로 덮여 있어 시무룩해 보이지만 네 개의 발은 보송보송 동그랗고 귀엽지. 꼬리는 통통한 소시지 같아. 지금은 18살짜리 여자아이와 같이 살아. 이름은 윤선아. 나름 똑 부러지고 못 하는 게 없는 엄친딸인데, 사실은 어찌나 이기적이고 엄마 말을 안 듣는지 나쁜 아이 리스트에서도 상위를 차지하고 있었지.

크리스마스 한 달 전 친구랑 밤늦게까지 밖에서 놀던 선아는 언제 들어오냐는 엄마의 전화를 짜증을 내며 끊었어. 심지어 휴대폰 전원을 꺼버리기까지 했지. 그 아이의 엄마는 밤새도록 기다렸고 애간장이 다 녹아들었어. 선아는 그날 벌점 99점을 채웠지. 그때부터 뽀미는 살아 움직이기 시작했고.

내 얘기는 이만하고 이제부턴 우리의 나쁜 아이 선아 이야기를 해줄게.

“기지배가 누가 그렇게 밤늦게 돌아다녀! 제정신이야?”

“아, 왜 일어나자마자 잔소리야? 집에 잘 들어왔으면 됐지. 방학인데 좀 놀면 어떻다고!”

“일어나자마자? 그렇게 늦게까지 돌아다니니까 자고 일어나면 해가 중천이지. 한 번만 더 늦게 들어오기만 해? 아주 그냥 외출 금지에 휴대폰도 다 끊어버릴 테니까!"

"아악! 왜 다 엄마 맘대론데? 짜증나!"

한껏 가시 돋친 목소리를 내지른 후 선아는 한 발 한 발을 최대한 쿵쾅거리며 방으로 갔다.

'쾅!'

문을 부서질 듯이 세게 닫는 것도 잊지 않았다.

"진짜 싫어! 엄마가 세상에서 제일 싫어!"

이불에 얼굴을 묻고 마구잡이로 소리를 질러대니 눈물이 왈칵 나왔다. 머리끝까지 화가 난 와중에도 자신의 고성을 엄마가 들을까 눈치를 봐야 하는 상황도 마음에 들지 않았다.

"진짜 집 나가고 싶다. 확 가출해 버리고 싶다. 나가면 이런 집구석 다시는 안 들어올 텐데!"

눈이 퉁퉁 부을 정도로 눈물을 쏟았지만 18살 당장의 선아로서는 이룰 수 없는 꿈이었다. 화를 내다 지쳐 잠이 들었을 때쯤 자몽한 그녀의 귀에 언뜻 현관문 열리는 소리가 들렸다. 이내 문이 닫히자 집은 눈에 띄게 고요해졌다.

'아, 모임 간다고 했었지.'

차라리 엄마가 이대로 나가서 돌아오지 않았으면 좋겠다. 엄마가 없어져 버렸으면 좋겠다. 그런 생각을 하니 입꼬리가 슬쩍 올라갔다.

"뭐 그게 좀 불쌍하면 잔소리만 못 해도 괜찮지. 엄마가 있어야 밥은 잘 먹을 테니까. 엄마가 아예 말을 못 하는 사람이 되는 것도 좋겠다. 누가 내 소원 좀 들어줘라! 엄마 입 좀 막아줘!"

키득거리며 혼잣말을 내뱉을 때, 누군가가 물었다.

"정말?"

'뭐야! 누구…!'

갑자기 온몸에 소름이 돋아 벌떡 일어나 앉았다. 혼자인 방 안에서 말을 거는 누군가의 목소리. 그녀의 방엔 창문조차 없어 밖에서 들린 소리일 리도 없었다. 정체 모를 미지의 존재가 어디에서 나타나든 한 눈에 볼 수 있도록 등을 벽에 바짝 붙이고 앉았다. 무릎은 세워서 가슴에 당겨 안았고 미세하게 떨리는 손으로는 이불을 끌어와 눈을 뺀 온몸을 가렸다. 그리고는 물었다.

"누, 누구야? 누구 있어? 요?"

"안녕!"

"꺅!"

갑자기 무릎 위로 나타난 검은 물체에 선아는 이불을 냅다 던져버렸다. 내던져진 이불은 잠깐동안 아무런 움직임이 없었다. 그러다 이내 한가운데가 꼬물거리더니 작은 물체가 모서리를 찾아 나오기 시작했다.

'어?'

처음엔 쫑긋한 삼각형 모양의 귀가, 다음엔 동글동글한 뒤통수가 천천히 이불 밖으로 모습을 드러냈다. 작은 물체는 손을 휘적이며 몸 전체를 빼내려 애썼다. 까맣고 복슬복슬한 무언가는 거북이처럼 이불 밖을 기어 나오며 짜증 섞인 신경질을 부렸다.

"아, 왜 던지고 그래!"

"넌?"

그건 뽀미였다. 12살 크리스마스 선물로 우리 집 산타에게 선물 받은 고양이 인형. 사고로 떠나버린 아빠와의 마지막 추억이었다. 아빠가 생각날 때마다 볼 수 있도록 언제나 책상 위 눈앞에 올려두었다. 아니 그건 그렇고. 어떻게 고양이 인형이 살아 움직이고 있는 걸까?

"흠흠. 다시 인사할게. 선아 안녕! 나는 뽀미야."

뽀미는 보송보송한 앞발을 가슴에 대고 자기소개를 했다.

처음 듣지만 낯설지 않은 목소리. 분명 뽀미가 말하는 것처럼 흉내를 낼 때 선아가 내던 목소리였다.

선아는 뽀미의 귀를 손가락으로 눌러 보았다. 삼각형의 두 귀가 쫑긋쫑긋 그녀의 손가락에 반응했다. 이번엔 작은 머리 위의 허공을 손으로 휘적거려보았다. 아무것도 잡히지 않았다.

"뭐해! 나 말하는데 집중 안 해?"

뽀미는 보송보송 귀여운 앞발을 선아에게 가리키며 따져 물었다.

"미안. 누가 실로 움직이는 건 아닌가 해서. 너 뭐야? 진짜 살아 움직이는 거야?"

"응! 난 악마 뽀미님이야! 네 소원을 들어주러 왔지!"

"악마? 소원?"

"네가 방금 그렇게 말했잖아. 너희 엄마 입 좀 막아달라고."

"진짜 그렇게 해줄 수 있어?"

뽀미는 엄마를 말 못 하는 존재로 만들어주겠다고 했다. 왜 소원을 들어준다는 것인지, 어떻게 말을 못 하게 만들겠다는 것인지 자세한 건 아무것도 설명해 주지 않았다.

“차차 알게 될 거야. 어쨌든. 그럼, 잘해봐.”

“아니 잠깐만……!”

이내 ‘펑’하는 큰소리와 함께 방 안엔 연기가 가득 찼다. 그러더니 수면마취를 한 것처럼 눈앞이 흐려지기 시작했다. 점차 몽롱해지는 기억 속에서 선아는 뒤섞이는 생각들을 늘어놓았다.

‘이 작고 귀여운, 자신이 악마라고 주장하는 고양이 인형이 정말 엄마를 바꿔줄 수 있는 것일까? 그러다가 엄마가 평생 말을 못 하게 되면 어쩌지? 아니 언제부터 뽀미는 악마였던 거지? 정말 엄마가 잔소리 못 하게 해주는 거야? 뽀미는 대체 왜 내 소원을 들어주는 거지? 뽀미는 대체…… 뭐지?’

그런 생각을 하다 번뜩 눈을 떴다. 그녀의 눈앞에 보이는 건 자신의 방 천장에 걸려 있는 LED 형광등뿐이었다.

일어나자마자 비추는 형광등에 눈이 부셨다. 아무래도 불을 켠 상태로 잠이 들었던 모양이다.

“아, 뭐야.”

얼마나 엄마가 싫었으면 그런 꿈까지 꿨을까 싶었다. 고양이 인형이 살아 움직여 소원을 들어주는 악마라니. 꽤 귀엽고 순수한 망상이었다.

책상 위를 바라보니 뽀미는 그 자리 그대로 미동이 없었다. 혹시나 싫어 머리를 건드려 보았지만 툭 옆으로 쓰러질 뿐 살아 움직일 리 없었다.

선아는 이내 생생했던 꿈 얘기를 파헤칠 의지가 없어졌다. 마루에서 아무런 소리도 들리지 않자 눈치를 살피며 밖으로 나갔다. 혹시나 엄마와 마주칠까 최대한 발소리를 내지 않고 걸었지만 아무런 인기척이 느껴지지 않는 것 같았다. 엄마는 잠을 잘 때 코를 고는 버릇이 있어 평소엔 굳이 노력하지 않아도 그녀가 방에 있음을 알 수 있었다. 안방의 문을 살짝 열어보니 역시나 비어있었다. 깨끗하게 침구가 정리되어 있기까지 했다. 어젯밤에 나가서 들어오지 않은 것 같았다.

“나한텐 그렇게 일찍 들어오라고 하더니 자기는 집에 들어오지도 않네.”

억울함에 얼굴이 구겨졌지만 어찌 되었든 아침부터 잔소리를 들을 일이 없다는 사실은 웃음이 났다. 엄마 방에서 나가려는데 못 보던 화분이 눈에 띄었다. 새하얀 침구의 색과 대비되는 아주 눈에 띄는 초록이었다.

‘뭐야, 어제 사 왔나? 근데 왜 화분을 침대 위에 올려놨대?’

화분에는 작은 표지판이 꽂혀 있었고 ‘엄마 나무’라는 글씨가 쓰여 있었다.

“이름 완전 구려.”

동그란 마리모처럼 볼륨감 있는 형태에 양쪽 끝엔 누가 잡아당겨 늘어난 찹쌀떡 가장자리처럼 이파리 몇 가지가 삐죽 튀어나와 있었다. 잔가지 없이 곧게 뻗은 줄기에는 양쪽으로 가지가 두 개 있었는데 오른쪽 가지엔 대각선으로 된 큰 흠집이 있었다. 칼같이 날카로운 절단면에 베인 깔끔한 느낌이 아닌 울퉁불퉁 찢어진 상처였다.

독특한 생김새에 눈길이 갔지만 그 이상의 관심을 주진 않았다. 그다지 화분을 좋아하지도 않을뿐더러 머릿속엔 엄마가 없을 때 서둘러 나가야겠다는 생각만 가득했기 때문이다.

하늘은 벌써 어둑어둑해져 있었다. 엄마의 엄포가 두렵기는 했지만 그렇다고 순순히 말을 들을 선아가 아니었다. 크리스마스까진 아직 한 달이나 남았음에도 거리엔 빨강 초록 조명들이 가득 꾸며져 있었다. 광장에는 이미 거대한 대형 트리가 설치되었다.

"엄마, 나 이거 사줘!"

"그래, 알겠어."

거리엔 가족들끼리 오순도순 식사하거나 쇼핑을 나온 사람들로 북적였다. 선아의 가족 역시 이맘때쯤엔 크리스마스를 화목하게 즐겼었다. 한 달, 길게는 두 달 전부터 트리를 꾸며두었고 갖고 싶은 걸 얘기하면 크리스마스 날 머리맡엔 항상 그 물건이 놓여있었다. 우리만의 이벤트는 선아가 크리스마스를 친구들과 보내기 시작하면서 점점 사라져갔다. 선아는 엄마에게 조금 미안한 마음이 들기 시작했다.

오늘 친구를 불러 쇼핑하다 맘에 드는 물건이 있다면 크리스마스 선물을 핑계로 엄마에게 졸라보는 건 어떨까 하는 생각이 들었다. 물론, 한창 냉전 중에 있지만 아무리 화가 나도 뭘 조르면 안 사주는 법이 없는 엄마였으니까.

"오늘은 늦지 않게 들어가야지."

그런 애교 아닌 애교의 방식으로 엄마와 화해해야겠다고 다짐했었다.

“아니, 말이 안 되잖아요! 저희 엄마가 버젓이 살아 있었는데 없는 사람이라뇨?”

“아니, 그러니까. 학생. 학생이 찾는 백윤희 씨는 아예 존재하지도 않는 신원이라니까? 안 그래도 바쁜데 자꾸 장난치고 그러면 학생도 공무집행방해죄로 잡혀가요.”

“저희 엄마 좀 찾아주세요. 진짜 엄마가 없어졌다고요!”

엄마가 집에 들어오지 않은 지 벌써 삼일이나 되었다. 아무리 걸어도 전화는 연결되지 않았고 엄마의 직장, 친구들, 가끔 수다를 떨던 옆집 아줌마, 심지어는 경찰의 신원 정보에서조차도 엄마의 존재는 사라지고 없었다. 마치 처음부터 존재하지 않았던 사람인 것처럼.

눈물 콧물이 범벅이 되어 집에 돌아왔다. 집은 여전히 고요했고 이제는 그 적막함이 두려웠다. 이끌리듯 엄마의 방으로 향했다. 방 안엔 엄마의 냄새가 가득했다. 일순 다리에 힘이 풀려 바닥에 주저앉고 말았다. 침대 모퉁이에 머리를 대고 얼굴을 묻으니 또다시 눈물이 차올랐다.

“엄마……. 어디 갔어?”

한참을 울다 고개를 드니 여전히 같은 자리에 올려져 있는 화분이 눈에 들어왔다. 작은 표지판에 쓰인 엄마 나무라는 글씨가 자신을 향해 다가오는 듯한 기분이 들었다.

선아는 번뜩 어떠한 생각이 떠올라 화분을 자세히 살펴보기 시작했다. 동그란 형태에 삐친 양옆의 잎사귀들을 엄마의 보잉보잉한 천연 곱슬머리를 너무나도 닮아 있었다. 매일 아침 고데기로 깔끔하게 정돈하고 나면 타고난 곱슬기 때문에 양쪽 귀의 윗부분만 삐치던 촌스러운 머리 스타일을 빼다 박았다. 그리고 대각선의 큰 흠집. 엄마는 오른쪽 팔에 흉터를 가지고 있었다. 대각선으로 깊게 파인 흉터는 언제 생겼는지 기억조차 나지 않는 엄마의 상징 그 자체였다. 왜 이제껏 눈치채지 못했지?

작은 표지판을 뽑아보니 '엄마 나무'라는 글씨의 반대쪽에는 반드시 봐야만 했던 글자가 적혀 있었다.

'그럼, 잘해봐. -뽀미-'

"꿈이 아니었어. 그럼, 이게? 이게 엄마인 거야?"

존재 자체가 사라진 엄마. 꿈인 줄 알았던 기억. 갑자기 엄마 방에 생긴 엄마를 닮은 화분.

선아는 당장 화분을 들고 자신의 방으로 달려갔다. 책상에 화분을 내려놓고 아무 일 없다는 듯 앉아있는 고양이 인형을 두 손에 잡았다. 그러고는 마구 흔들어댔다.

"뽀미! 이게 우리 엄마야? 네가 우리 엄마를 이렇게 바꿔놓은 거야? 당장 원래대로 돌려놔. 당장!"

10분 정도 혼자만의 짝 실랑이를 벌이다 이내 대답 없는 인형을 침대에 던져버렸다.

"우리 엄마 원래대로 돌려줘……."

흐느끼는 것 말고는 할 수 있는 게 없었다.

하지만 그저 울고 있을 때가 아니었다. 며칠간 방치되었던 화분은 흙이 다 말라 있었고 이파리는 점점 시들어가고 있었다. 부엌으로 달려가 화분에 물을 주려다 수돗물이 화분을 아프게 하면 어쩌지 하는 생각이 들었다. 수돗물은 몸에 안 좋다고 요리조차 생수를 사서 하던 엄마가 떠올랐기 때문이다. 식물을 키워본 적이 없어서 섣불리 아무런 행동도 할 수 없었다. 애초에 이 식물은 화분이 아니라 엄마잖아! 그러다 문득 친구 민주가 생각났다. 민주는 부모님이 꽃집을 하셔서 학교에서도 곧잘 화분을 키우곤 했다. 서둘러 휴대폰을 찾아 전화를 걸었다.

"민주야 너 혹시 엄마 나무라고 들어본 적 있어? 키우는 법 알아?"

"엄마 나무? 처음 들어보는데. 갑자기 그건 왜?"

"내가 엄마 나무 화분이 생겼는데 이게 말라죽고 있어서. 어떻게 해야 할지 모르겠어. 그냥 수돗물 줘도 돼? 생수 줘야 해?"

"우선 나한테 사진 찍어서 보내봐."

손이 떨려 초점이 잘 잡히지 않았다. 최대한 화분의 상태가 잘 나오도록 사진을 찍었어야 했는데 자꾸 휴대폰이 흔들려 여러 번을 찍어야 했다. 결국 민주에게 보낸 사진들도 흔들림을 해결하지 못한 흐릿한 것들이었다.

"이거 바질 트리랑 비슷한 종류인가 보네. 대충 키우는 법 말해줄게."

"고마워! 진짜 고마워 민주야!"

조언을 듣고 화분에 생수병으로 흠뻑 물을 주었다. 말라서 갈라지던 흙 사이사이로 물방울이 흘러 이내 촉촉한 흑갈색으로 변했다. 그렇게 바로 좋아질 리 없었지만 계속 화분의 상태를 쳐다보게 되었다.

"엄마 내가 미안해."

화분에 말을 걸어보아도 대답을 들을 순 없었다.

연말이 가까워 바쁜 엄마는 자주 집에 없었고, 집안일을 스스로 챙기는 데엔 익숙했다. 사실 엄마가 없다고 해서 선아의 일상이 크게 달라지지는 않았을 것이다. 하지만 엄마가 없다는 것만으로도 이미 일상은 달라져 있었다.

물을 많이 먹고 흙이 빨리 마르는 바질 트리 종류는 자주 물을 주어야 한다고 했다. 선아는 겉흙이 말라갈 때마다 화분에 물을 주었다. 며칠이 지났을까. 갈색으로 죽어가던 이파리들 사이에 새순이 올라오는 것이 보였다. 시드는 잎들까지 살릴 수는 없었지만, 엄마가 건강해지고 있다는 뜻인 것 같았다.

선아는 여전히 대답 없는 화분에 밤낮으로 말을 걸었다.

"엄마 오늘은 기분이 어때? 물양은 괜찮아? 아픈 곳은 없어? 언제 돌아와?"

엄마는 화가 나면 자주 대화로 풀고 싶어 했다. 그에 비해 선아는 화가 나면 입을 꾹 닫고 생각을 정리할 시간이 필요했다. 방으로 도망가 문을 걸어 잠그곤 했지만 엄마는 항상 그 버릇을 못마땅해했다. 자신을 이해하지 못하는 엄마가 너무 싫었었는데. 대답 없는 혼자만의 대화를 나누다 보니 그 마음을 알 것도 같았다. 하지만 엄마가 그저 건강하게 살아 있다는 것만으로도 더 바랄 게 없는 기분이었다.

"엄마 아프지 마. 건강하게 오래오래 내 옆에 있어줘."

매 순간을 엄마 나무와 함께했다. 밥을 차려 먹을 때도 식탁이 잘 보이는 곳에 화분을 놔두었고 가끔은 창문 앞에 세워두고 바깥 공기를 쐬어주기도 했다. TV를 볼 때는 화면이 잘 보이도록 소파에 올려두었고 잠을 잘 때는 침대 옆 협탁 위에 올려두고 꼭 그 방향을 바라보며 잠이 들었다. 조금이라도 소홀해지면 화분이 곧바로 시들거나 사라져 버리기라도 할 것처럼 선아의 모든 신경은 엄마 나무를 향해 있었다. 친구들이랑만 놀지 말고 가끔은 엄마에게도 시간 좀 쓰라며 투정을 부릴 땐 별 이유를 다 대서 피했었는데. 엄마와의 시간 보내기가 이렇게 소중한 일이었다는 걸 엄마를 잃고 나서야 비로소 알았다.

3주 정도가 지난 날. 아침에 일어나 보니 엄마의 상태가 이상했다. 파릇파릇한 여린 잎들에만 시선을 뺏겨 큰 이파리들이 점점 보라색으로 변하는 것을 눈치채지 못했다. 이파리에는 손가락의 마디처럼 가로로 주름도 생겨 있었다. 썩어가고 있는 것 같았다. 선아는 곧바로 민주에게 전화를 걸었다.

"민주야! 이거 화분 막 보라색이고 막 주름도 있고 힘도 없고 이상해!"

"아침 댓바람부터 뭔 소리야. 너 화분? 급한 거면 지금 우리 집에 가져와. 아빠 지금 집에 있으니까 봐달라고 할게."

"알겠어! 지금 바로 갈게."

옷을 제대로 챙겨 입을 정신도 없이 화분을 들고 집에서 나왔다. 반팔 차림을 갈아입을 경황이 없어 그저 손에 잡히는 검은 롱패딩을 주워 입었다. 양말을 찾지 못해 맨발인 슬리퍼 차림에 칼바람이 불어 따가웠다.

"이거 어떻게 해? 물 많이 주라며! 썩는 것 같아!"

"그러네. 물 얼마나 줬어?"

"이거 겉에 흙 마를 때마다 줬는데?"

"내가 완전히 말랐을 때만 흠뻑 주라고 했잖아. 누가 매일매일 흠뻑 주래? 식물은 과습으로도 쉽게 죽는단 말이야."

선아는 얼굴이 새파랗게 질려 소리쳤다.

"그럼 제대로 말을 해줬어야지! 나 식물 한 번도 안 키워봤단 말이야! 엄마 진짜 죽으면 안 되는데! 죽으면 안 돼! 어떻게 해? 도와줘!"

민주는 평소 식물에 관심도 없던 선아가 이렇게까지 화분을 아끼는 게 잘 이해되지 않았다. 그러나 그런 말을 나눌 여유조차 없이 아빠를 불러야만 했다. 이상하리만치 공황 상태인 선아가 곧 쓰러지기라도 할 듯 불안해 보였기 때문이다.

둘은 대화를 나누더니 다른 흙을 가져와 화분의 흙을 갈아 주었다. 엄마 나무의 화분에서 나온 흙은 축축하게 젖어 물방울이 고일 정도였다. 군데군데 하얗게 곰팡이가 서린 곳도 있었다. 썩은 이파리도 솎아 냈다. 혹시나 엄마의 몸이 상하면 어쩌지 하는 생각으로 시든 잎조차 떼어내지 못하게 했지만 이대로 두면 줄기와 뿌리까지 습기가 차 식물이 금방 죽을 거라고 했다. 모든 작업을 마친 후 민주가 얇은 초록색

플라스틱 통에 담긴 식물용 영양제 하나를 건넸다.

"흙 갈았으니까 한동안은 물 주지 말고. 바람이 잘 드는 곳이나 선풍기 앞에라도 놔둬. 이건 영양제야. 계속 지켜보다가 너무 힘이 없는 것 같으면 흙에 꽂아줘. 무슨 일 있으면 꼭 얘기하고. 근데 이게 뭔데 그렇게까지 집착하는 거야?"

"사실 이게 우리 엄……!"

'아니, 학생. 학생이 찾는 백윤희 씨는 아예 존재하지도 않는 신원이라니까?'

경찰 아저씨의 목소리가 머릿속에 울려 퍼졌다. 엄마는 지금 세상에 존재하지 않는 사람이고 설명을 아무리 한다 한들 사람이 나무로 변했다는 걸 쉽게 믿어줄 리 없었다.

"내가 나중에 설명할게. 고마워!"

화분을 소중히 품에 감싸고 도망치듯 집으로 향했다. 집으로 돌아오는 길엔 크리스마스가 가까워져서인지 연인에게 선물하라는 상술이 가득한 꽃다발, 화분들이 가득했다. 찬바람을 밖에서 맞아 얼어붙은 듯 굳어있는 식물들의 이파리를 보니 엄마도 몸이 시리지 않을까 걱정이 되었다. 선아는 화분을 더욱 품 안으로 파고들게 안았다. 급히 꺼내 입은 롱패딩이 흙이 묻어도 티가 나지 않는 검은색이라 다행이었다.

집에 와 책상 위에 화분을 올려두니 다리에 힘이 풀렸다. 의자에 털썩 주저앉은 채로 등받이에 등을 기대고 젖혔다. 고개를 들어 아직 형광등을 켜지 않은 천장을 바라보았다. 팔다리는 일으킬 힘이 없어 축

늘어졌고 크게 두어 번 한숨이 나왔다.

선아는 사실 짜증이 났다. 물을 적게 줘도 아프고, 많이 줘도 아프고. 나보고 뭐 어쩌라는 건지. 자신의 상태도, 기분도 말해주지 않는 화분을 어르고 달래며 필요한 걸 눈치껏 알아내야만 했다.

'내가 뭐 신이냐고? 난 식물을 키우는 것도 처음인데!'

하지만 이 작은 화분을 책임질 수 있는 존재는 오롯이 자신뿐이었다. 내버려 둘 수도, 누군가에게 맡길 수도 없었다. 선아는 화분의 단 하나뿐인 엄마였다.

생각보다 시간은 금방 흘렀다. 엄마가 사라진 지도, 아니 화분이 된 지도 벌써 한 달이 다 되어갔다. 집 안에만 갇혀 엄마를 돌보는 동안 친구들의 부재중 전화는 쌓여갔다. 크리스마스이브가 되어 창밖은 형형색색의 트리들로 가득 찼지만, 전혀 즐길 수 없었다.

다행히도 엄마 나무는 생기를 되찾고 안정된 상태로 자라기 시작했다. 선아는 매일매일 말을 걸며 나무를 쓰다듬었고 나무에는 여린 꽃봉오리가 열렸다. 얼핏 보이는 꽃잎은 보라색을 띠는 것 같았지만 제대로 피지 않아 확신할 수 있는 정도는 아니었다.

하지만 아무리 공을 들여도 꽃이 피지는 않았다. 민주의 말로는 꽃봉오리가 맺히고 짧게는 2~3일, 길게는 5일 정도면 꽃이 필 거라고 했다. 그러나 이미 꽃봉오리가 맺힌 지 일주일이 지났다. 몇 개는 꽃이 피지 않은 채로 시들어 떨어지기까지 했다. 영양이 부족한 건가 싶어 영양제도 줘보고, 혹시나 해 엄마가 평소에 좋아하는 사이다를 주어봐도 소용이 없었다. 민주의 아버지께 상태를 보여드려도 식물은 건강한데 이유를 모르시겠다고 했다.

선아는 자신의 방 책상 위에 엄마 나무를 올려두고 화분과 뽀미를 한참 동안 번갈아 바라보았다. 이내 생각에 잠긴 듯 팔꿈치를 책상에 올린 채 두 손으로 얼굴을 쓸어내렸다. 매일 밤 잠든 사이 엄마가 원래대로 돌아오지는 않을까 마음 편하게 잠들지 못했다. 너무 피곤해 눈 안쪽이 응어리진 느낌이었다. 손바닥으로 눈을 비비니 손바닥의 온기가 응어리를 풀어 조금 가벼워지는 듯했다.

손을 떼니 흐렸던 눈앞이 또렷해지며 엄마 나무의 오른쪽 가지 흉터가 눈에 들어왔다. 엄지손가락으로 살며시 흉터를 쓸었다. 우둘투둘한 나뭇조각이 피부에 닿는 동안 왠지 모르게 가슴이 쓰렸다. 천천히 손을 떼다가 실수로 화분에 물을 주려고 책상 위에 두었던 물컵을 쏟고 말았다.

“앗, 차가!”

물이 책상 끝에 쏟아져 발등까지 흘러내렸다. 물을 닦아내다 복사뼈 위쪽에 있는 흉터가 눈에 띄었다.

‘이 흉터. 언제 생겼더라?’

일순 바람에 나뭇잎이 흩날리는 소리가 들려왔다.

“더 멀리 가면 안 된다?”

“응!”

어린 선아는 해맑게 웃으며 수풀 사이로 뛰어 들어갔다. 40분째 모닥불을 피우고 있는 아빠를 위해 잘 마른 나뭇가지를 주워올 생각이었다. 엄마한테는 바로 옆에 있는 꽃을 보러 간다고 거짓말을 했다.

"몰래 갔다 와서 놀라게 해 줘야지!"

전날 비가 왔기 때문인지 수풀 사이엔 마른 나뭇가지가 보이지 않았다. 더욱 깊숙한 숲으로 발걸음을 향했다. 작은 두 손이 가득 채워졌을 때쯤 더 이상 돌아가는 길을 찾을 수 없었다. 큰소리로 엄마 아빠를 부르며 텐트장을 찾으려고 애썼지만 아무런 소리도 들리지 않았다. 고요한 어둠 속 수풀에서 부스럭하는 소리가 났다. 그 소리가 너무나 선명해서 선아는 패닉에 빠졌다. 비명을 지르며 뒤도 돌아보지 않고 내달렸다. 숨이 턱 끝까지 차올라 잠시 숨을 고르고 있을 때쯤 갑자기 몸 전체가 심장과 떨어져 툭 던져지는 기분이 들었다. 비 때문에 약해진 지반이 무너져 깎아지른 언덕 아래로 떨어지기 시작했다.

"꺄악!"

무너지는 흙 사이 깊게 박힌 날카로운 나무뿌리에 복사뼈 위 여린 살을 베이고 말았다. 절벽 아래로 떨어지는 순간까지 무엇이든 잡으려 작은 손을 쉴 새 없이 휘둘렀다.

턱. 그때 누군가 선아의 팔을 잡았다.

"선아야!"

"엄마!"

선아의 부모님은 너무 오랫동안 돌아오지 않는 딸을 찾아다녔다. 수풀에서 들리는 비명소리를 듣고 서둘러 뛰어온 엄마가 그녀를 기적적으로 잡아냈다. 선아의 팔을 잡고 있는 엄마의 오른쪽 팔에서 피가 흘렀다. 같은 나무뿌리에 베인 상처는 선아의 것과는 비교도 할 수 없을 정도로 깊게 패여 있었다. 엄마의 피는 점점 흘러내려 선아의 팔까지 내려오려고 했다. 그 광경이 어린 선아의 눈엔 너무나 큰 공포였다.

"선아야? 엄마 봐. 엄마 눈 봐. 괜찮아. 아무 일도 없을 거야. 다 괜찮아."

이어서 달려온 아빠에 의해 선아는 무사히 낭떠러지에서 구출됐다. 119 구급차를 타고 엄마가 실려 갈 때까지 울음은 그치지 않았다. 나중에서야 알게 된 얘기지만 상처가 깊어 스무 바늘 정도를 꿰매야 했고 흉터가 크게 남을 거라는 말을 의사에게 들었다고 한다.

이렇게 큰일을 왜 전혀 기억하지 못하고 있었던 걸까? 어린아이의 기억엔 너무나도 큰 두려움이라 잊어버린 걸까? 눈물이 마구 쏟아지기 시작했다. 엄마의 모든 순간이 사랑의 다른 이름이었다는 걸 이제야 깨달았다. 엄마가 너무 보고 싶었다.

고개를 숙이고 한참을 울었다. 울부짖었다는 표현이 더 어울릴지도 모르겠다. 숨을 제대로 쉬지 못해 심장은 쥐어짜듯 아팠고 한계 이상으로 긁힌 목소리는 금방 따가운 쇳소리로 변해갔다. 얼굴을 너무 많이 비벼대어 눈과 코가 쓰리게 되어버릴 때쯤 눈물범벅에 흐릿해진 시야 사이 빛이 새어 들어오는 게 보였다. 고개를 들어 책상 위를 바라보니 화분에서 후광이 나고 있었다. 이파리는 더욱 파릇한 초록색으로 짙어졌고 작았던 꽃봉오리가 청아한 꽃잎을 피워내기 시작했다. 감청색과 자주색 사이 푸른 기 가득한 겉잎과 그와 대비되는 샛노란 속잎이 어우러졌다. 엄마가 가장 좋아하는 아이리스꽃의 색깔이었다. 마치 꿈같은 찬란함에 넋을 잃고 말았다. 따뜻한 빛이 방 안을 감쌌다.

포근한 따스함이 엄마를 더욱 떠올리게 했다. 엄마가 금방이라도 괜찮다고 달려와 안아줄 것만 같은 기분이었다. 또다시 코가 시큰해지고 말았다.

화분에서 나오는 빛을 계속 바라보고 있자니 머리가 몽롱해지기 시작했다. 점점 눈앞이 흐릿해지고 잠이 쏟아졌다. 초저녁밖에 되지 않은 이른 시간이었지만 졸린 걸 의식조차 하지 못할 정도로 눈이 감겼다. 이 모든 일의 시작이었던 그날처럼 선아는 잠에 빠져들고 있었다.

눈을 떠 시계를 보니 저녁 6시였다. 휴대폰 배터리가 다 돼서 날짜를 알 수는 없었지만, 책상 위 알람 시계 덕분에 겨우 시간만 알아냈다. 하루를 내리 잔 건지 몇 시간 정도만 잠이 든 건지 도저히 알 수가 없었다. 휴대폰 충전기를 가져오려고 의자에서 일어났을 때 현관에서 소리가 들렸다.

띵동.

'찾아올 사람이 없는데?'

현관에서는 계속해서 초인종 소리가 들려왔다.

띵동. 띵동.

"윤선아 빨리 문 열어! 엄마 추워!"

놀라움에 잠기운이 싹 달아나버렸고 퉁퉁 부은 두 눈에선 또다시 눈물이 쏟아지려고 했다. 서둘러 방 안을 뛰쳐나가다 책장에 발을 찧었지만 아플 겨를조차 없었다.

엄마가 돌아왔다.

"열쇠를 안 가져갔지 뭐야. 너는 이렇게 추운데 뭐 하다가 문도 안

열어주고…….”

“엄마!”

뛰쳐나가 엄마를 온몸으로 껴안았다.

“어머, 얘가 왜 이래. 어머 어머.”

“엄마 미안해. 내가 다 미안해. 고마워. 진짜 많이 사랑해. 앞으로 잘할게. 제발 떠나지 마.”

선아는 엄마를 향한 자신의 감정을 모두 전했다. 사실 눈물 콧물을 쏙 빼며 쏟아내는 말들이 하나도 제대로 들리지 않았지만, 엄마는 선아를 그저 안아주었다.

방으로 돌아와 보니 화분은 흔적도 없이 사라져 있었다. 엄마는 자신이 사라진 한 달 동안의 시간을 전혀 인식하지 못했다. 그렇게 짜증을 내더니 갑자기 사과를 하냐고 당황해하는 걸 보면 크게 다투고 모임을 나간 날짜를 오늘이라고 생각하는 것 같았다. 꿈인지 현실인지 설명하지도 못할 사건을 끝내고 엄마는 그렇게 집으로 돌아왔다.

그날 밤. 혹시나 엄마가 자는 동안 다시 사라져버리진 않을까 엄마의 옆에서 잠을 청했다. 다 큰 애가 징그럽다며 선아를 밀쳐내도 팔을 꽉 붙잡고 놓아주지 않았다. 막 깊은 잠이 들려던 순간 익숙한 목소리가 귀에 들려왔다.

“선아야. 일어나 봐.”

목소리에 눈을 떠보니 작고 보송보송한 앞발이 선아의 볼을 찌르고 있었다. 뽀미였다. 그날 이후 몇 번을 건드려보아도 움직이지 않던 이 귀여운 악마가 다시금 말을 걸어온 것이다. 뽀미는 할 얘기가 있다며 선아를 부엌으로 불러냈다.

"고생했어. 살이 많이 빠졌네? 힘들었나 보다."

"너! 나한테서 엄마를 또 뺏으러 온 거야? 이번에는 뭘로 만들려고? 제발 그만 좀 괴롭혀!"

"워워. 진정해. 너희 엄마 깨겠다. 그냥 해야 할 말이 있어서 온 거야. 그리고 빼앗았다니? 너무하다. 난 네 소원을 들어준 것뿐인데."

그렇게 말하는 뽀미가 너무 얄미워 머리를 쥐어박고 싶었지만, 또 다시 무서운 일이 생길까 손을 내릴 수밖에 없었다.

"그래도 너희 아빠 덕분에 이 정도로 끝난 줄 알아."

"우리 아빠?"

뽀미는 나쁜 아이 리스트와 자신이 하는 일에 대해 설명해 주었다. 선아 역시 99점을 받았다는 사실도 말해주었다.

"나머지 1점을 채우는 건 내 테스트를 통과하느냐에 따라 달렸어. 테스트를 통과하면 더 이상 벌을 받지 않고 벌점도 감쪽같이 사라지지. 나쁜 아이 리스트에서 이름이 지워지는 거야. 하지만, 테스트를 통과하지 못하면 지옥으로 끌려가 아주 무서운 벌을 받게 돼. 넌 테스트를 통과했으니까 어떤 벌인지 굳이 얘기하진 않을게."

테스트를 통과하느냐 아니냐를 결정하는 것은 반성의 여부라고 했다. 두려움에 기반한 것이 아닌 마음 깊숙한 곳에서 우러나온 진짜 반성. 뽀미가 말해준 다른 나쁜 아이들의 테스트는 듣기만 해도 끔찍했다. 폭력을 일삼던 나쁜 아이에게는 매일매일 똑같은 신체적 고통을 가장 사랑하는 사람에게 주는 것을 보여주거나, 술과 담배를 배운 아이에게는 얼굴의 모든 구멍으로 술, 담배를 쉬지 않고 쏟아내는 등의 것이었다.

"너에게 주어진 테스트는 화분을 키우면서 부모님의 사랑을 깨닫는 거였어. 그래도 화분 키우는 건 어렵지 않았잖아?"

'엄청 어려웠거든?'

선아는 입 밖으로 내지 못하는 투정을 속으로 투덜거렸다.

"내가 지금 빌리고 있는 이 몸. 고양이 인형 뽀미. 너희 아빠가 주신 선물이지? 네가 벌점 99점이 되는 날 너희 아빠가 굳이 굳이 나를 찾아와서 부탁했어. 원래는 착한 아이니까 너무 심한 벌은 주지 말아 달라고. 분명 자기 잘못을 반성할 수 있는 아이라고."

아빠가 살아계실 때까지만 해도 사랑하고 사랑받을 줄 알았던 아이는 아픈 이별을 이후로 마음에 문을 닫고 살았다. 서로에게 유일한 가족이 되어버린 엄마와 이야기할 때도 고맙다 사랑한다는 말보다는 짜증이 먼저 입 밖으로 튀어나왔다. 변해버린 자신의 모습을 보지 못한 아빠의 신뢰가 고마우면서도, 미안한 마음이 들었다.

"그래도 잘 해냈어. 정말 대견해. 이제 너희 엄마가 화분이 될 일은 없을 거야. 물론, 다른 어떤 걸로도 변하지 않을 거고. 올해 크리스마스 선물로는 엄마를 돌려받게 됐네?"

뽀미는 익살스럽게 키득거리며 말했다.

"그럼 엄마와 앞으로도 행복하게 잘 지내길 바라. 메리 크리스마스."

그 말을 끝으로 영혼이 빠져나가기라도 한 듯 뽀미의 몸이 축 처졌다. 쫑긋쫑긋 삼각형 모양의 귀를 손가락으로 눌러보아도 검은색 고양이 인형은 아무런 반응도 하지 않았다. 선아는 뽀미를 자신의 방 책상 원래 자리에 올려두고 의자에 앉았다. 그러고는 책상에 엎드려 뽀미의 눈을 한참 동안 바라보았다. 밤은 깊어지고 눈꺼풀은 자꾸 내려왔지만 선아의 눈은 밤새 감기지 않았다.

눈을 떠보니 부엌에서 맛있는 냄새가 났다. 한식보다는 양식을 좋아하는 엄마가 가장 자신 있어 하는 훈제 칠면조 요리 냄새였다. 손이 많이 가는 만큼 맛은 보장되는 수제 피자와 선아가 좋아하는 블루베리 치즈케이크 냄새도 함께였다. 책상에서 눈을 뜬 선아는 얼른 부엌으로 뛰어나갔다.

"엄마!"

"일어났어? 메리 크리스마스. 오늘은 오랜만에 양식 파티야. 크리스마스잖아?"

부엌에는 곳곳에 양말이 걸려 있었다. 산타할아버지 정도의 몸집이 아니면 절대 신을 수 없을 것 같은 큰 사이즈의 양말들이었다. 물론, 발에 신는 용도가 아니라는 걸 알고 있었지만.

"트리는 아직 안 꾸몄어. 혼자 하기엔 너무 힘들어서 너 일어나면 같이 하려고. 산타 할머니가 선물은 두고 갔던데. 한번 뜯어볼래?"

"응!"

선아는 엄마가 건넨 선물상자의 리본을 풀었다. 생각보다 크고 높은 상자에 기대감이 부풀었다. 박스를 열어보니 향긋한 풀 내음이 얼굴을 덮었다. 푸릇한 이파리를 가진 화분이었다.

"바질 트리야. 너 식물 키우는 거 안 좋아하는 거 아는데 요새 힘들어하는 것 같아서. 바질 트리 향기가 머리를 맑게 하는 데 좋대. 그리고 또……."

선물이 마음에 들지 않으면 어쩌지 구구절절 변명하는 엄마의 말을 끊고 대답했다.

"아니, 고마워요. 식물 좋아해요."

선아는 미소를 지으며 화분에 네임펜으로 끄적끄적 이름을 적었다.

'엄마 나무'

그러고는 자신의 책상 뽀미 옆에 화분을 놓아두었다.

선아가 엄마와 얘기를 나누며 크리스마스 파티를 즐기는 동안 귀엽고 까만 고양이 인형은 살며시 팔을 움직여 엄마 나무를 끌어안았다.

우리의 스무 살, 나의 스무 살

또도히

또도히

할 수 있는 일과 하고 싶은 일 10년 이상 병행해온 프로 N잡러 입니다. 한 번뿐인 인생이니 후회 없이 살자는 좌우명이 있습니다. 여행 다니며 글 쓰고, 사진 찍어 추억을 남기는 게 취미인지라 어느새 6년 차 블로거가 되었습니다. 앞으로도 계속 다양한 분야에 도전하며 더 많은 경험을 통해 행복한 사람으로 살기보다 널리 행복을 나누는 사람이 되고 싶습니다.

인스타그램: @luvmyocean,

블로그: https://blog.naver.com/dodohcom (또도히라이프)

"우리는 스무 살이다!"

같은 동네에서 태어나 어렸을 때부터 집 앞 똑같은 유치원부터 여자 고등학교까지 함께 졸업한 내 죽마고우는 나에게 있어 같은 여자지만 보통 남자보다 든든할 정도로 오빠 같은 존재였다. 초등학교 때부터 남자 친구들이 나한테 장난을 칠 때라면 당시 아주 짧은 머리와 함께 카리스마 넘치는 모습을 지닌 내 죽마고우가 보디가드처럼 나타나 날 지켜줬다. 중학교 때 부모님의 사업이 안 좋아져 집안 형편이 어려웠을 때조차 날 부족함 없이 옆에서 채워주던 내 생에 첫 남자친구 그 이상이었다. 학교에서 필요한 준비물이 있을 때도 말없이 내 것까지 ,사다 주고 학교 끝나면 당연하다는 듯이 어디를 가나 내가 먹고 싶은 거라면 다 사줬다. 그렇게 우리는 아침에 눈 뜨면 가장 먼저 만나서 하루가 끝날 때까지 붙어있었다. 서로가 있는 한 우리 둘에게는 어떠한 남자친구가 필요 없었다.

수능이 약 1년 남았을 무렵, 우리가 함께 다니던 학원에 한 남자가 나타났다. 학원에서 제일 키가 커서 저절로 눈길이 가는 인물이었다. 딱 봐도 전학 온 지 얼마 안 돼서 새 옷이라는 걸 알 수 있는 빳빳한 교복을 입고, 뽀얗고 작은 얼굴에 오아시스처럼 맑은 눈동자를 마주친 게 그 남자의 첫 모습이었다. 동네에 이사 온 지 얼마 안 돼서 친구도 없고 모든 게 낯설기만 한 그에겐 집 가는 길이 똑같아 자연스럽게 우리와 어울리게 되었다. 신기하게도 그가 이사 온 아파트가 내 죽마고우가 사는 같은 아파트였다. 매일 똑같이 반복되는 하루 속 학원이 끝나면 스무 살 되면 뭐 할지, 어디 갈지 행복한 상상을 하며 재잘재잘 수다 나누는 시간은 우리에게 유일한 버팀목이었다. 간혹가다 이성 친구 얘기가 나올 때면 셋이 입을 맞추기라도 한 것처럼 다들 관심 없다는 듯이 우리 셋이서 영원 하자며 우정만 다짐했다. 특히, 그 아이와 보이쉬한 내 친구는 나는 하지 않는 PC게임 같은 팀이라 전우애가 넘쳐흐른다. 매일 같이 학원을 나와 정신없이 이것저것 말하며 걷다 보면 죽마고우와 그의 아파트에 먼저 도착한다. 우리 집은 10분 정도 더 걸어가야 있는 편의점 옆 아파트이다.

그런데 어느 날부터인지 그가 바로 집으로 안 들어가고, 편의점에 살 게 있다며 죽마고우만 먼저 가라고 하고, 나와 함께 단둘이 우리 집 쪽을 향해 걸었다. 거의 매일 같이 살 게 있다며 꼭 같이 편의점에 데리고 들어가 내가 좋아하는지는 어떻게 알았는지 초코우유, 레몬 사탕 등 하나씩 내 손에 쥐여줬다. 편의점을 나와서는 온 김에 데려다준다며 꼭 집 앞까지 와서 잘 자라는 말을 남기고 돌아갔다. 그렇게 매일 둘만의 잘자 라는 말들이 쌓여가는 어느 날, 처음 눈 마주쳤을 때부터 좋아하기 시작했다며 남은 마지막 십 대를 함께 하자는 그의 고백에 우리의 만남은 시작되었다. 수능 공부한다고 평일이고 주말이고 온종일 항상 셋이 함께하는 시간이 더 많다 보니 가족한테 말하는 것보다 내일 아침부터 만날 내 죽마고우에게 어떻게 말해야 할지 너무 떨려 어떻게 말해야 할까 생각하다 뜬눈으로 밤을 지새웠다.

다음날, 아침엔 결국 아무 말도 하지 못하고 학교 수업이 끝나고 평소와 똑같이 학원으로 가는 길에 떨리는 맘을 부여잡고 말을 하려고 입을 열었다. 그 순간, 내 걱정이 우스워질 정도로 내 죽마고우는 이미 알고 있었다며 지그시 날 바라보며 웃었다. 알고 보니 남자친구가 학원에 처음 와서 날 봤을 때부터 감정이 생겨 어떻게 고백해야 하냐며 내 죽마고우에게 매일 밤 연락해서 게임 얘기로 시작해서는 끝에는 내가 뭐 좋아하는지 물어봤다고 한다. 죽마고우는 나를 껴안아 주며 정말 잘 됐다며 누구보다 진심으로 축하해줬다. 이제 나보다 더 든든한 보디가드가 생겼으니 맘이 편하다며 자유로운 표정과 함께 말을 덧붙였다. 사실 인생의 첫 관문이라고도 부르는 수능을 앞둔 고3 시기에 누굴 만난다는 게 불안하기도 했지만, 돌이켜보면 행복했다. 덕분에 몸과 마음이 피곤한 날이면 어김없이 내 죽마고우와 남자친구와 함께 집 앞에서 컴컴한 밤하늘 속에 빛나는 별들을 보았다. 똑같이 하늘을 향해 고개를 들어 올리고는 곧 다가올 스무 살에 셋이 함께하면 행복할 이십 대의 버킷리스트를 상상으로 세워가며 하루를 마무리했다.

그렇게 각자의 게임 미션에 성공하여 보상처럼 받은 술집 프리패스

같이 사용하는 '주민등록증'이라 불리는 네모난 플라스틱과 세 개의 입학증과 함께 우리의 스무 살의 봄은 시작되었다. 습관이 무섭다는 말은 이래서 나온 건지 매일 우리 셋의 학교 끝나는 시간이 다 다른데 하루 끝에는 꼭 동네 맥줏집에서 모였다. 그 맥줏집에는 우연히 우리랑 같이 학원 다녔던 또 다른 친구가 알바하게 되어 갈 때마다 주는 서비스에 자연스레 우리의 아지트로 자리 잡았다. 스무 살은 처음인지라 하루가 어떻게 흘러가는지 모르고 대학 생활에 정신없이 적응해 가고 있던 어느 날, 해보고 싶은 건 다 해봐야 하는 성격 때문에 나만 대학교 학생회 활동을 시작하게 되었다. 학생회 활동은 생각보다 수업 전후로 모이는 시간이 많았다. 대학교 MT며, 학생회 회의며 각종 행사 준비 해야 하는 날들이 늘어갔다. 입학한 지 얼마나 됐다고 곧 있을 중간고사 준비까지 하느라 너무 바빠져 버린 스케줄에 한번 두번 미안하다는 말과 함께 허겁지겁 늦게나마 맥줏집으로 달려가는 날들이 생기기 시작했다. 그렇게 한 달이 훅 지나갔다. 평소처럼 맥줏집 문을 열었는데 나를 기다리다가 둘이 재밌어하는 게임 얘기도 고갈되었는지 지친 모습이 가득한 내 남친과 절친의 얼굴이 눈에 들어왔다. 미안한 마음과 함께 앉자마자 분위기를 풀어보려고 내가 먼저 스무 살 되면 해보자고 하나씩 적어왔던 우리의 버킷리스트를 꺼내어 '벚꽃놀이'를 가자고 했다. 나의 진심이 조금이나마 닿았는지 세 개의 맥주잔은 하나 되어 짠 소리와 함께 부딪혔다.

그렇게 우리의 스무 살 첫 연중행사인 벚꽃놀이를 가기로 한 날이다. 집을 나서는 아침부터 학교 수업이 끝나기만을 벌써 기다리며 한껏 들뜬 우리의 몸은 각자의 공간에 있었지만, 마음은 카카오톡 속 세 명만의 채팅방에 함께였다. 마지막 수업 마치자마자 책상에서 몸을 일으키는 순간, 거부할 수 없이 강압적인 선배의 카톡 공지가 날라왔다. 신입생은 반드시 참석이라는 마지막 문장과 함께 학생회 긴급회의가 열린다는 내용이었다. 빠르게 남친과 절친에게 알렸지만 이미 출발했다는 그들의 답장에 나는 정말 괜찮으니 가서 예쁜 벚꽃 사진 많이 찍어와 달라고 말하며 이따 맥줏집에서 보자며 애써 침착했다. 속상했지만 맡은 역할에 책임을 다하고 싶은 마음도 있었기에 나 때문에 다 같이 가지 말자고 하는 것도 아닌 것 같아서 찝찝한 기분은 뒤로한 채 머리를 긁적거리며 학생회 회의실로 터벅터벅 발걸음을 옮겼다. 회의 끝나자마자 뱃속에 파도처럼 배고픔이 밀려오는데 밥 먹고 가라는 제안을 거절하며 빠르게 동네 아지트로 출발했다. 절친과 남자친구에게 연락하니 나와 비슷한 시간에 도착할 거 같다고 해서 이따 보자며 달리는 버스 안에서 눈을 붙이기로 했다. 배고파서일까 잠이 오지 않아 어두운 버스 속에서 밝은 핸드폰 화면 불빛과 함께 인스타그램을 열어보았다. 화면에 가장 먼저 나타난 사진은 너무나 행복한 표정과 함께 어려서부터 털털하고 보이쉬한 스타일의 머리와 옷만 입던 내 죽마고우가 맞는지 의심이 들 정도로 여성스럽게 옷을 입고 있었다. 하늘하늘한 긴 플라워 패턴의 스커트와 가발을 붙였는지 처음 보는 긴 머리에 한쪽 귀에는 벚꽃 송이가 꽂혀있었다. 죽마고우인 나도 맞는지 의심이 들 정도의 새로운 모습이었다. 사진 아래 댓글엔 이미 예쁘단 말로 폭발적인 반응이었다. 내가 봐도 너무 예뻤다. 유심히 사진을 다시 보는데 '오늘 날씨가 쌀쌀해서 그런 거겠지.' 이런 생각과 함께 사진 속 친구의 어깨에 걸쳐있는 가디건은 지금 내가 입고 있는 나와 남자친구의 커플 옷이었다. 기분이 이상했다. 너무 별거 아닌 거 같기도 해서 만나서 말하기에는 우리 사이에 내가 너무 속 좁아 보일 거 같았다. 전철역에 내려 몸도 마음도 배고픔 가득 안고 아지트로 걷는 중 내 생각이 틀렸다고 말해주듯 뒤에서 내 남자친구의 두 팔이 보고 싶었단 나지막한 목소리와 함께 나를 와락 끌어안았다. 안도의 웃음과 함께 같이 못 가서 미안하단 말만 반복하며 가디건에 대해 전혀 묻지 않은 채 우리의 스무 살의 봄은 그렇게 흘러갔다.

너무 바빴던 학생회 활동도 떨어지는 벚꽃처럼 사라지며 여름방학이 시작되었다. 덜 바빠지나 했지만, 우리 셋은 각자의 미래를 위해 필요한 학원 등록과 성인 노릇을 해보겠다며 코 묻은 돈이라도 벌어보고자 아르바이트를 시작하게 되었다. 방학하고 나서는, 더 자주 만나자고 했던 우리들의 약속은 뜨겁게 내리쬐는 여름 태양에 녹아내리듯 사라졌다. 서로 다른 세 개의 스케줄 사이에서 만남은 쉽지 않았다. 물론 전화나 카톡방 메시지 주고받는 빈도조차 낮아졌다. 남자친구랑 나 사이도 피곤한 하루 끝에 겨우 얼굴 잠깐 보며 그렇게 시간이 흘렀다. 각자의 하루에 익숙해지고 있을 때쯤 무더위가 한풀 꺾이며 남자친구의 생일이 다가오고 있었다. 익숙하지 않은 동네에 이사 왔을 당시, 편의점에서 내가 좋아하는 걸 알아내가며 나를 생각했던 남자친구 마음처럼 이번엔 내가 남친을 위해 서프라이즈 이벤트를 해 주고 싶었다. 평소 공포 영화를 보지 못하는 나였지만 개봉 전부터 남자친구가 가장 보고 싶어 했던 공포영화를 열심히 아르바이트 한 돈으로 특별관 VIP 티켓으로 큰맘 먹고 예매해뒀다. 내일 서프라이즈 이벤트 할 생각에 몸은 녹초같이 피곤했지만 핸드폰 속 예매한 영화 티켓 보며 가벼운 발걸음으로 집에 가는 중이었다. 텔레파시가 통했는지 아침부터 학원 갔다가 알바 끝나고 가족들과 생일 저녁 식사를 마치고 들어 온 남자친구한테 카톡이 왔다. "우리 내일 뭐 해?" 난 보이진 않겠지만 장난치는 아이처럼 익살스러운 표정 가득한 얼굴로 혼자 재밌어하며 계획 없다는 듯이 답을 보냈다. "뭐하고 싶어? 하고 싶은 거 하자." 이런 내 생각을 알 리가 없는 남자친구의 차가운 답이 돌아왔다. "집에서 쉬고 싶어." 신나게 집으로 향하던 내 발걸음은 그대로 멈춰버렸다. 하고 싶은 거 하자고 말했기에 뭐라고 답해야 할지 막막했다. 서프라이즈 이벤트를 포기하기로 했다. 걱정스러운 마음과 함께 "어디 아파? 사실은 내일 서프라이즈 이벤트로 말하려고 했는데. 네가 제일 좋아하는 영화 예매해뒀어." 카톡을 보낸 뒤 1분도 안 돼서 내 손은 이미 남친에게 전화를 걸고 있었다. 몸이 안 좋은 건지 받자마자 많이 피곤한 목소리로 영화 취소해 줄 수 있겠냐고 물으며 일찍 자고 싶다는 말과 함께 60초가 채 안 되게 우리의 전화가 끊겼다. 당황한 나머지 습관처럼 내 죽마고우에게 바로 전화를 걸었지만, 아르바이트 중인지 전화를 거절했다. 계획했던 내일이 얼음 녹듯이 순식간에 사라져버렸다. 내일의 스케줄을 위해 잠이 오지 않았지만 억지로 침대에 몸을 누였다. 12시를 알리는 알림이 울렸다. "생일 축하해"라고 남친에게 문자를 보내고 잠에 청했다.

다음 날 아침, 집중되지 않는 학원 수업 내내 울리지 않는 핸드폰만 만지작거리다 수업이 끝났다. 아르바이트 들어가기 전 "고마워, 오늘은 푹 쉴게. 내일 보자." 알림과 함께 남자친구의 카톡이 왔다. 아무래도 몸이 아픈지 정말 쉬고 싶어 하는 남자친구의 말을 들어주는 게 그날 내가 줄 수 있는 최고의 선물이었다. 아르바이트가 끝나고 나니 예매해둔 영화 상영 알림이 울렸다. 미쳐 정신없어 온라인 취소 가능 시간을 지나고서야 말았다. 할 것도 없으니 직접 가서 취소하기로 했다. 시원해야 할 늦여름 밤공기는 그날따라 유독 나에게 차가웠다. 문득 공포영화를 좋아하는 내 절친이 생각나서 카톡 했지만 좋아하는 사람이 생겼는지 아르바이트가 바쁜 건지 시간이 안 된다고만 답이 왔다. 왠지 모르게 자세히 묻고 싶었던 날이다. 기분 탓하며 영화 예매취소 완료하고 집으로 가려다 항상 셋이었던 우리의 아지트로 향했다. 혼자 온 건 처음이었다. 서비스 주던 친구가 안 보여서 카톡을 보냈다. "나 맥줏집 왔는데 너 없네" 이 카톡을 보내지 말았어야 했다. "맥줏집? 나 오늘 쉬는 날이라 영화관 왔는데 방금 너 남친 혼자 팝콘 사던데 너랑 온 거 아니야?" 핸드폰 화면 속 글씨가 살아 움직이는 건지 내 동공이 흔들리는 건지 정신이 혼미했다. "잘못 봤겠지." 떨리는 손으로 답장했다. 빠르게 사진 1장이 날라왔다. 어두운 영화관 멀리서 찍힌 두 남녀의 뒷모습이지만 절대 모를 수 없는 익숙한 뒤통수들이 보였다. 나의 남친과 나의 절친의 뒤통수를 헷갈릴 내가 아니었다. 분명 조금 전 공포영화 예매를 취소했는데 난 공포영화를 보고 있었다. 아니 영화

속 주인공이 된 듯했다. 혼자 마신 맥주 한 모금에 취한 걸까? 뭔가에 홀린 듯 내 절친과 남친 핸드폰으로 계속해서 전화를 걸었다. "전화기가 꺼져있어 …….…" 정말 우리의 세상이 꺼져버렸다. 앞이 깜깜했다. 차분히 몸을 일으켜 나가려는 순간, 쨍하고 가게에 크게 울리는 소리와 함께 옷깃에 스친 맥주잔이 떨어져 깨져버렸다. 정신이 확 들면서 다시 영화관으로 향했다. 어제부터 대화 나눈 카톡방, 통화목록만 껐다 켰다 반복했다. 점점 더 괘씸했다. 용서할 수 없었다. 영화가 끝났는지 사람들이 몰려나오기 시작했다. 차라리 내가 사진을 잘못 봤기를 바랬다. 이런 내 바람이 틀렸다. 내 남친의 겉옷이 내 절친 어깨에 걸친 채 나란히 걸어 나왔다. 생일선물로 집에서 혼자 쉬고 싶어 했던 남자친구와 20년 가까이 내 옆에서 평생 함께할 것 같던 죽마고우가 나에게 내 생에 첫 공포영화가 되어버렸다. 아무 말도 듣고 싶지 않았다. 사실 어떤 말도 들을 자신이 없었다. 항상 내 양쪽 옆에 서 있던 두 명의 인간이 내 앞에 서로 하나되어 붙어 서 있다. 둘이 간 벚꽃놀이 때 가디건 걸친 사진부터였을까? 오늘부터인 걸까? 수많은 물음표가 내 머릿속을 터질 듯이 가득 채웠지만 꺼내지 않았다. 그저 지금 내 공포심이 조금이나마 전해지길 바랐는지 내 손바닥은 전 남자친구라는 징표를 남기듯 뺨을 후려갈겼다. 아까 깨진 맥주잔처럼 우리의 관계도 끝이 났다. 10대의 마지막을 가득 채워 사랑한 남자가 20년 전 세상에 나왔을 이날에 엄마 배에서 나와 우렁차게 울었을 그 아기가 돼버린 듯 나는 그날 우리의 스무 살에서 나의 스무 살로 다시 태어났다.

나의 스무 살

기대 이상으로 강렬해서 심장이 다 타 없어져 버린 듯한 우리의 스무 살 여름이 끝났다.

끝나고 나니 이럴 줄 모르고 그저 웃으며 함께 해보자고 적어 내려온 버킷리스트만 변질 없이 그대로 남아있었다. 이제껏 뜨겁게 서로 사랑하느라 빨개지는 단풍나무로만 보였는데 처음으로 어쩌면 단풍도 나처럼 상처 입어 빨갛게 속이 변해버린 건 아닐까 싶은 생각이 드는 가을과 함께 나의 스무 살이 시작되었다.

성인이 되어 처음 겪는 일들이 많은 건 당연하지만 굳이 모두가 반드시 겪지 않아도 될 경험도 있다. 소중한 사람을 둘이나 한꺼번에 잃는다는 거, 믿고 지내던 사람한테 배신을 겪게 되는 건 생각 이상으로 맵고 쓰렸다. 다시는 돌아갈 수 없는, 돌아오지 않을 우리의 스무 살은 종료되었다. 하루아침에 혼자가 된 '나의 스무 살'은 나를 반겨주듯이 찬란하게 빛나고 있었다. 눈앞엔 하고 싶던 일, 해야 할 일, 나와 함께 할 계획 되지 않은 순수한 가을과 겨울이 남아있었다.

시간을 움직이기로 했다.

유라

유라

경기도 오산에서 태어났다. 여행을 좋아한다. 몇 년 동안 우울증으로 지내다가 우연히 떠난 유럽여행을 통해 조금씩 나아지고 있는 사람이다.

이메일:ehlls@naver.com

블로그: blog.naver.com/ehlls

앉아만 있어도 동상이 걸릴 것 같던 추운 겨울밤에 친구와 함께 밖에서 맥주를 마셨다. 벤치에 앉아 하늘을 보니 아무것도 보이지 않았다. 별 하나도 보이지 않는 깜깜한 하늘을 보다, 저 멀리 단 하나의 큰 별이 반짝거리는 것을 발견했다. 별은 마치 자기를 봐달라는 느낌으로 힘차게 빛을 뿜어냈다. 나는 그것을 멍하니 바라보다 맥주를 한 모금 들이켰다. 영하의 날씨 때문에 차가워진 맥주가 내 몸으로 들어오며 내 몸의 열은 슬슬 오른다. 다섯 캔 정도를 마시고, 취기가 조금씩 올라와 친구와 인생 이야기를 하며 나의 아픔을 조금씩 드러냈다. 친구는 묵묵히 들어주었고, 나는 별을 바라보며 얘기를 이어갔다. 별을 보다 보니 아무 빛도 없는 곳에서 어떻게든 빛을 비추려고 하는 별의 모습이 옛날의 나와 비슷하다는 생각을 하게 되었다. 오직 살기 위해서 처절하게 하루하루를 보냈던 내가 떠올랐다. 학교를 마치고 다음 날 새벽 5시까지 일을 하다가 퇴근을 하고 다른 곳으로 출근을 하는 생활들의 반복이었다. 그리고 문득 나는 언제부터 멈추게 되었을까, 왜 밖을 나가는 것도 힘들어하는 사람이 되어버렸을까. 언젠가부터 시작된 계속된 실패가 나를 움츠리게 만들었고, 이내 멈춰버렸다. 이번 여행을 시작하며 돈을 부족하게 들고 왔기 때문에 밥을 배불리 먹을 수 없었다. 하루에 한 끼만 먹고 3만 보를 넘게 걸었던 적도 있다. 다행히도 스위스에서 한국인 친구를 우연히 만나 배불리 밥을 먹었다. 배부른 배를 느끼며 한국에서는 언제 이렇게 밥을 먹고 행복한 적이 있었나 싶었다. 그래서 한국으로 돌아가면 여행을 응원해준 가족, 친구들과 함께 밥을 먹고 싶었다. 살아있기 때문에, 밥을 먹고 감정을 공유할 수 있는 사람이 있으며, 살아있으니 원하는 곳으로 갈 수 있다. 그렇게 나의 멈춰있던 시간을 움직이기로 했다.

옛날의 나는 이십사 시간을 사십팔 시간처럼 사용했다. 어린날, 집의 부도로 인해 아파트에서 바퀴벌레가 드글거리는 낡은 빌라로 이사를 갔을 때부터 힘듦이 시작되었다. 먹고살기 위해 스스로 아르바이트를 하며 살아야 했다. 그때부터 조금의 게으름도 허용하지 않고 일을 해야 했다. '나'는 중요하지 않았다. 미친 듯이 일을 하면서도 어떻게 하면 일을 더 할 수 있을지, 돈을 더 벌 수 있을지를 생각했다. 성인이 된 이후에는, 학교와 집이 왕복 4시간이 되는 시간에도 공부를 하거나, 일을 하거나, 책을 읽었다. 편의점이 끝나면 근처 이자카야에서 새벽까지 일을 했다. 일어나 있는 모든 시간을, 1분 1초를 꾹꾹 눌러썼다. 몇 년 동안 이런 시간이 계속되다 보니 지쳐가기 시작했다. 매일 시간에 쫓겨 빠르게 잠을 자기 위해서만 마셨던 술의 양도 늘어났다. 모든 일을 끝마치고 집에 오면 알 수 없는 허무함이 밀려왔다. 하지만 내일도 일정이 있기에 빠르게 자기 위해 맥주잔에 소주 반 병을 따라 2번에 걸쳐 마신 뒤 잠에 들었다. 이런 생활을 고치기 위해 이사를 했지만 되려 그때부터 일상이 무너지고 악습관이 시작되었다.

매일 알 수 없는 감정이 계속해서 밀려왔다. 왜 술을 마시는지도 모르는 감정상태로 계속 마셨다. 일주일에 8번을 먹어도 깨닫지 못했다. 일어나자마자 잠자기 직전까지 마셨던 남아있는 술병을 다시 마셨다. 그렇게 하루, 또 하루를 지나며 정신을 차려보니 나를 보며 울고 있는 엄마가 보였다. 내 옆에는 마신 빈 술병들과 사진들이 놓여있었다. 몸에는 알 수 없는 것들이 생겨져 있고 머리는 산발이며 나를 치료하기 위해 사람들이 몰려왔다. 이런 생활이 계속되어도 지인들을 만나면 괜찮은 척을 했다. 무언가를 하고 있는 척, 계획하고 있는 척을 했다. 아무 계획도, 마냥 쉬고 싶은 생각밖에 없으면서 나를 끝까지 밀었다. 멈추어야 한다고 어딘가에서는 끊임없이 말하고 있지만 무언가를 계속해야 한다고 생각했다. 투잡과 쓰리잡을 하면서도 이력서를 쓰고 면접을 봤다. 그러다 수많은 탈락을 보며 무뎌지고 있다는 착각과 함께 몸과 마음은 지칠 대로 지쳐 눈이 멀어버렸다. 그렇게 모든 일을 그만두고 집안에 누워있기 시작했다. 오후에 잠에서 깨어 멍한 눈으로 일어나 늦은 시간이 되어서야 첫 끼를 먹는다. 그리고는 침대에 몇 시간을 누워있다 배가 고파지면 느릿하게 침대에서 몸을 일으켰다. 그렇게 봄, 여름, 가을, 겨울이 몇 번 지났다.

눈을 뜨고 감기 직전까지 항상 함께 하는 유튜브는 다양한 영상을 추천해주었다. 그러다 20대에 유럽을 2번 간다는 한 유튜버의 영상을 보게 되었다. 그러다 어렸을 적 꿈이었던 독일 여행을 떠올리며 침대 앞에 붙여있는 세계지도를 보았다. 문득 의문이 들었다. '나는 어렸을 때부터 돈을 벌었는데 왜 유럽여행 한 번을 못 갈까?'라는 생각에 괜히 프랑크푸르트 비행기 값을 검색해봤다. 대한항공 직항 왕복이 72만 원인 것을 확인하고 가슴이 뛰어오르기 시작했다. 정말 어쩌면 갈 수도 있겠다는 생각이 들었다. 하루정도 고민을 하고 결제를 해버렸다. 그렇게 여행 준비를 시작했다. 몇 년 만에 계획을 짜고, 여행에 필요한 준비물을 챙겼다. 유럽에 갈 준비를 하고, 독일 프랑크푸르트 공항으로 가는 비행기에 올랐다.

처음으로 독일에 발을 디뎠다. 어색함과 설렘이 공존하는 발걸음으로 천천히 걸어본다. 약간은 비가 내려 쌀쌀한 온도에 밤이 되어 어두운 파란색으로 독일이 가득 차 있다. 이 기쁨을 온전히 느끼고 싶어 빠르게 숙소에 가고자 했다. 긴장을 하고 중간 사이즈 캐리어, 백팩, 여행을 다니며 편하게 맬 수 있는 큰 가방과 무거운 옷을 입고 숙소까지 오다 보니 땀이 나고 있는 줄도 몰랐다. 짐을 간단히 정리하고 역에서 햄, 약간의 채소, 치즈 한 장이 들어있는 샌드위치를 샀다. 먹으면서 고개를 옆으로 돌려 창문을 보니 조용히 가라앉아 있는 밖이 보였다. 아무 색도 보이지 않는 까만 하늘에 을씨년스러운 느낌이 들었다. 그 어둠 아래에 건물들과 차가 보인다. 작은 불빛도 내지 않고 내일을 위해 잠을 자고 있는 것 같았다. 가로등에 비친 물 웅덩이에는 이따금씩 물줄기가 내려앉았고, 사람들은 물 웅덩이를 밟으며 각자의 목적지로 조용히 걸어가고 있다. 밥을 먹고 숙소에서 나와 독일에 도착했다는 감탄도 잠시, 당장 필요한 샴푸, 린스, 바디워시 같은 것들을 구매했다. 숙소까지 걷는 길은 조금은 어색하지만 설레기도 했다. 집에서는 매일 누워있다가 바쁘게 움직이는 것이 힘들기도 했다. 여행의 첫날은 신기하고 어색한 느낌이 번갈아가면서 드는 기분이었다.

여행의 시작이다. 일어나서 준비를 끝 마친 뒤 조식을 먹었다. 밥을 먹으면서 건물 구경을 하다 앞에 TV가 보여 그곳에 집중을 했다. 독어로 나오는 뉴스를 보며 진짜로 유럽에 도착했다고 생각했다. 밥을 더 먹고 싶었지만 기차 시간 때문에 나올 수밖에 없었다. 이 날이 유럽여행을 하면서 두 번째로 배부르게 먹은 순간이었다. 다시 짐을 챙겨 프랑크푸르트 역으로 갔다. 밤에는 보이지 않던 역의 외관이 보였다. 역이 아니라 박물관 같이 생겼다. 주변에서는 알 수 없는 냄새가 나기도 했다. 바닥에는 쓰레기도 종종 보이고, 어제 비가 온 이후라 사람들이 지나다니며 참방 거리는 소리가 들리기도 했다. 다양한 소리가 들리는 역으로 들어가 쾰른으로 가는 기차 번호를 찾았다. 기차를 잘못 타면 안 된다는 생각 때문에 열심히 눈을 굴렸다. 다행히 기차를 잘 찾아 두근거리는 마음으로 탑승했다. 물론 타고 나서도 혹시나 잘못 타진 않았을까 재확인을 열 번은 했다. 얼마 지나지 않아 쾰른역에 도착했다. 이곳도 마찬가지로 역이 박물관처럼 생겼다. 크진 않지만 상점, 편의점 등 갖춰질 건 다 있었다. 구글 지도를 켜서 열심히 숙소를 찾았다. 첫 숙소는 호스텔, 주인분은 웃으시며 방을 안내해주셨고 그곳에서 첫 러시안 친구를 만났다. 처음에는 너무 어색해서 방에 있는 것조차 조심스러웠지만 대화를 트는 물꼬인 "Where are you from?"을 사용하여 입을 열었고 몇 시간 정도 얘기를 하다가 서로 혼자 여행을 왔다는 걸 알고 다음날 함께 놀기로 약속을 잡았다. 다음날 친구와 함께 호헨촐레른 다리(Hohenzollern Bridge)를 갔다. 라인강 위에 있는 409m 철교이다. 이곳에 많은 커플들이 자물쇠를 차며 영원을 기원하는 문화 때문에 다리에 자물쇠가 많았다. 다리에 도착하니 그 공간에 들어간 것처럼 다리가 큰 느낌이었다. 운동하는 사람들, 자전거를 타는 사람들, 보드를 타는 사람들, 사진을 찍는 여행객 등 많은 사람들과 한데 섞여있다. 친구와 함께 다리를 걸으면서 이곳에 있는 스스로가 낯설었다. 많은 영화에서 나오는 행복한 일상 장면에 들어간 기분이었다. 긴 다리를 건너며 수많은 대화를 나눴는데, 인상 깊었던 것은 그 친구가 쾰른에 오게 된 이유이다. 그 친구는 러시아에서 독일인 남자 친구를 만났는데 남자 친구가 어학연수를 마치고 독일로 돌아갔다고 했다. 남자 친구와 계속 함께 있고 싶어 러시아에 있는 모든 생활을 접고 독일로 왔다고 했다. 막상 쾰른에 도착했지만 남자 친구가 연락이 안 된다면서 엄청 답답해하며 그를 헐뜯었다. 나는 얼른 연락이 와서 대화를 해봤으면 좋겠다고 했고, 이후에도 관광을 하며 서로 사진을 찍어주었다. 다음에 간 장소는 쾰른 대성당이다. 대성당을 보고 싶어 쾰른을 왔기 때문에 기대를 했다. 파스텔 톤의 하늘에 떠다니는 구름 몇 점들과 그 아래 보이는 들떠 보이는 사람들, 추운 날씨마저 코가 뻥 뚫리는 쾌청한 날씨로 착각하게 되는 기분이었다. 앞에 도착하여 사진을 찍으려고 하니 아무리 뒤로 가도 사진이 안 나온다. 허리를 젖

혀보아도 소용이 없다. 예쁜 각도가 나오지 않아 아쉬웠다. 건물에 붙어있는 조각상들이 수 없이 많은데 굉장히 디테일한 부분까지 생각하여 조각을 해서 완성도가 정말 높았다. 쾰른 대성당을 보면서 내 눈에 담아낸다는 것이 믿기지 않았다.

밤에는 혼자 쾰른의 맛집을 찾아갔다. 맥주를 가게에서 직접 만들기 때문에 얼마나 맛있을지 상상도 가지 않았다. 식당에 도착하여 자리를 안내받고 앉자마자 메뉴판과 주면서 맥주를 마실지 물어봤다. 당연하게 맥주를 시켰고, 받자마자 목으로 넘겼다. 맥주는 그야말로 진짜 먹어본 적이 없는 맛이었다. 태어나서 맥주를 먹고 신선하다는 느낌이 처음 들었다. 목 넘김이 가볍지도, 무겁지도 않고 신선하다 못해 맥주의 탄산 알갱이 알알이 입 안에서 춤을 추고 있는 느낌이었다. 마시자마자 기분 좋은 웃음이 나오는 맛이었다. 음식은 소시지, 베이컨, 스크램블이 한 접시에 담겨 있는 메뉴를 선택했다. 소시지를 한 입 베어 무는 순간, 너무 짜서 순간적으로 눈이 커졌다. 소금 통에 소시지, 베이컨, 스크램블을 목욕시킨 것이 분명하다. 너무 당황해서 그다음 입을 먹기가 무서워졌다. 이걸 어떻게 다 먹을지 고민하던 찰나, 웨이터가 다가와 다른 손님과 합석을 해도 되겠냐고 물어보았다. 가능하다는 얘기를 하고, 50대 중반 정도 되어 보이는 손님이 내 앞에 앉았다. 나를 보고는 맛있게 먹으라고 하신 뒤, 별 말을 걸지 않으셨다. 내 앞에 있는 아저씨는 내가 포크만 만지고 있으니 음식 맛이 괜찮은지 물어왔다. 나는 너무 짜다고 대답했다. 내 말을 들은 아저씨는 웨이터를 불러 내 상황을 전달해주었다. 참고 두 세입 정도를 더 먹으니 바다를 품은 입이 된 것 같았고, 더 이상 음식을 먹을 수 없어 대부분을 남기게 되었다. 너무 슬펐다. 아저씨는 내 기분을 알아차리기라도 한 듯, 시무룩해져 있는 나에게 후식을 선물해주고 싶다고 하였다. 당황해서 연신 괜찮다고 반복했다. 하지만 아저씨는 이 나라에 혼자 여행 와서 우리나라에 와준 것도 고맙고, 이것도 인연인데 작지만 선물을 해주고 싶다고 말씀하셨다. 후식으로 시킨 음식은 뜨거운 액체 초콜릿 위에 초코 빵이 뒤덮여 커피잔에 담겨있다. 따뜻하고, 부드러워서 고급 초코빵과 초코를 먹는 것 같았다. 입에 넣자마자 짠 기가 사라지고, 달콤함이 입을 지배했다. 먹으면서 서로에 대해 알아가는 시간을 가졌다. 아저씨는 건설업에 종사하시는 CEO로 몇 개의 사업체를 가지고 있다고 하셨다. 출장을 혼자 쾰른으로 와서 얼른 집으로 돌아가 가족들을 만나고 싶다고 하셨다. 이 식당이 맛집이라 저녁을 먹으러 왔는데 한국인을 처음 만나게 되어 신기하고 기분이 좋다고 하셨다. 우리는 다양한 주제로 대화를 하며 관광지도 추천을 받고 약간의 인생 이야기도 들었다. 여행을 시작한 지 얼마 되지 않아 사람들을 만나 인생의 다양한 방식을 알게 되었다. 새로운 사람에게 들은 이야기들은 인생의 새로운 관점을 바라보게 해 주었다. 어쩌면 나도 조금은 인생에 대해 다른 생각을 하게 될 수도 있을 것 같았다.

쾰른에서 1박 2일 여행을 마치고 파리로 가는 일정이다. 쾰른 대성당 앞 계단에 앉아 프레첼과 물을 아침으로 먹고 서둘러 출발했다. 여행을 시작하고 매일이 새롭지만 이번 생에 파리를 내 눈에 담을 수 있다는 게 현실로 다가오니 실감이 나지 않았다. 파리 Lyon역에 도착해

숙소로 가기 위해 지하철을 탔다. 여행을 준비하면서 파리는 워낙 소매치기가 많고 한눈파는 순간 물건이 없어진다고 해서 만반의 준비를 하고 갔다. 아이폰 대신 동생이 쓰던 옛날 핸드폰, 여권과 돈 같은 중요한 물건은 허리에 매는 가방을 사서 배에 차고 다녔다. 지도를 볼 때마다 벽 구석에 캐리어를 두고 가방은 앞으로 맨 다음 도착지를 계속 확인했다. 캐리어, 가방, 무거운 옷을 계속 들고 낯선 곳을 다니려니 2월 달에도 땀이 비 오듯이 내렸다. 숙소에 도착하여 호텔에 엘리베이터가 없는 것을 확인하고 숨을 한껏 크게 내쉰 뒤 짐들을 들고 계단을 하나씩 올라갔다. 방에 도착한 뒤 무거운 짐들을 벗어던지고 침대에 앉았다. 겨우 반나절이 지났는데 하루가 끝난것 처럼 힘들었다. 하지만 파리에 도착했는데 가만히 있을 수 없었다. 옷을 갈아입고, 첫 번째 장소인 셰익스피어&컴퍼니로 출발했다. 숙소를 나온 후에는 이미 해가 떨어지고 있어 좀 더 빠르게 발걸음을 옮겼다. 장소에 도착하니 작지만 주변에서 무엇보다 독보적으로 빛나고 있는 건물이 보였다. 공사를 하고 있어서 전체적인 뷰를 감상하기는 어려웠지만 빛나는 장소였다. 문 쪽에는 일 유로짜리 엽서들이 가득했고, 비좁은 입구로 들어가고 나오는 사람들을 보며 인기가 많은 곳이라는 생각이 들었다. 내부는 책으로 가득 찬 공간이 나를 반겼다. 사람들이 많았지만 서로 예의를 지키며 너무 시끄럽지 않게 대화를 나누었다. 계단을 걸어 올라가는 삐걱 소리만 연신 들렸다. 2층에는 조용히 앉아있는 고양이가 나를 반겼다. 근처에 있는 의자에 앉아 주변을 둘러보았다. 좁은 공간에 수많은 책들이 있고 구석 벽 쪽에는 방문록 같은 종이들이 많이 붙어있길래 그곳에 짧게 글을 적었다. 30분 정도 앉아 사람과 책을 구경하다 시간이 늦어져 숙소에 돌아가려고 했다. 밖을 나와보니 아까부터 조금씩 내렸던 비가 폭풍처럼 쏟아지고 있었다. 천둥이 치고 엄청난 바람에 나무들은 자기 장소를 지키지 못하고 이리저리 휘둘렸다. 작은 쓰레기들은 날아다니며 나와 눈을 맞췄다. 엄청난 추위와 비바람을 보며 숙소로 가야 하는 퀘스트를 깰 수 있을지 잠시 생각하고 바로 출발했다. 가는 길에 폭풍 비와 함께 바람이 엄청나게 불어 우산이 거꾸로 뒤집어지는 것은 여러 번, 옷과 머리가 다 젖은 채로 숙소에 돌아갔다. 너무 추운 길이지만 왜인지 모르게 기분은 개운했다.

루브르 박물관을 방문하고 저녁에는 스냅사진을 찍는 날이다. 루브르 박물관에 가면서 먹을 아침을 고민하다 숙소 1분 거리에 있는 동네 빵집에서 크루아상과 초코 롤을 사 먹었다. 별 기대 없이 크루아상을 한 입 베어 물었다. 그리고는 쾰른에서 짠 음식을 먹고 눈이 커진 것보다 더 커진 눈으로 빵과 가게를 쳐다봤다. 크루아상을 씹는데 정말 결대로 부서지는 식감이 씹을 때마다 느껴졌다. 태어나서 먹어본 빵을 통틀어서 제일 맛있는 빵이었다. 별명이 빵순이라 나름 빵을 먹어봤다고 자부했는데 이 빵 앞에서는 아직 먹어볼 빵이 많다는 것을 느꼈다. 첫 입은 바삭하지만 씹을수록 소금, 설탕, 밀가루, 버터의 맛있는 맛이 느껴지면서 부드럽게 목으로 넘어가는 것이 우유도 필요 없다. 이 정도면 파리에 묵는 3박 4일 동안 크루아상만 먹어도 될 것 같았다. 루브르 박물관에 도착하니 많은 줄이 기다리고 있었다. 기다리기가 싫어서 한국에서 프리패스권으로 구매를 해놓았는데, 프리패스 구매자들이 많아서 결국엔 줄을 서야 했다. 1시간 정도를 기다린 후, 입구 쪽에서 해설 기를 대여하고 박물관에 들어갔다. 루브르 박물관에서는 수많은 유명 그림이 있지만, 제일 보고 싶은 것은 모나리자였다. 어렸을 때 별명이 모나리자 이기도 해서 실물로 보는 것이 기대되었다. 드디어 모나리자를 멀리서 발견한 순간 심장이 두근거렸다. 또 한 번 내게 이런 일이 생기다니라고 생각되는 순간이었다. 모나리자와 사진을 찍으려면 줄을 서야 했다. 작지 않은 공간에 모나리자 그림 주변으로 사람들이 빈틈없이 채워져 있다. 마음에 드는 사진을 찍을 때까지 줄을 서서 계속 찍었다.

저녁이 되어 스냅사진을 찍는 투어 장소의 시작인 셰익스피어&컴퍼니로 갔다. 혼자 여행하면서 남이 찍어주는 사진이 많이 없었다. 하지만 파리는 예쁜 건물과 함께 찍고 싶은 장소가 많기 때문에 스냅사진을 찍어보자는 생각으로 신청을 하게 되었다. 나는 여행을 하면서 사진을 많이 찍지는 않았다. 사진을 찍는 것보다 눈으로 보는데 시간을 너무 많이 써서 사진은 인증용으로 찍었다. 하지만 이 날은 좋은 분을 만나 예쁜 사진을 많이 건질 수 있었다. 배터리가 거의 떨어져 가는 와중에도 그분은 혼신을 다해 사진을 찍어주셨다. 그리곤, 스냅사진 투어의 마지막 장소인 셰익스피어&컴퍼니로 다시 돌아갔다. 그 건물 옆 쪽 벽에 빔을 쏴서 로맨틱한 장면의 영화를 틀어주며 마들렌을 하나씩 나눠주셨다. 겨울밤, 로맨틱한 음악과 영화를 듣고 보며 소중히 먹었던 작은 마들렌이 합쳐져 따뜻한 막을 만들어주는 기분이었다. 가볍게 시작한 유럽여행이었다. 매일 새롭게 만나는 사람들, 장소들, 크고 작은 일들은 나에게 크고 작은 변화들을 만들고 있었다. 못 가본 나라들, 내 눈으로 담지 못한 장소들이 많다는 것을 깨달았다. 아직 해보지 못한 것이 너무 많다.

이 날은 베르사유 궁전을 가는 날이다. 교과서에서 처음이자 마지막으로 본 베르사유 궁전, 사진으로만 봐도 너무 웅장하고 아름답기 때문에 실제로 보는 것이 굉장히 기대가 되었다. 베르사유 궁전을 도착하기 전에 전 날 빵 3개를 먹은 게 전부여서 고민을 하다가 근처 맥도널드로 향했다. 맥도널드에서 세트로 밥을 챙겨 먹지 않았으면 이 날 3만 보가 넘는 걸음을 걷다 쓰러졌을 것 같다. 베르사유 궁전 입구에 도착하고 나는 입을 벌리면서 걸어갔다. 입구 쪽은 궁전의 시작도 아닌데 입구 쪽부터 줄이 서 있었다. 순간적으로 다시 돌아갈지 고민도 했지만 여기까지 오느라 쓴 시간과 돈을 허비할 수는 없었다. 어쩔 수 없이 줄을 서서 기다리는데 주변을 보기만 해도 눈이 돌아가서 생각보다 시간이 빠르게 갔다. 맑은 하늘이 구름 한 점도 없이 모든 하늘의 공간을 채웠고, 바로 밑에는 웅장한 궁전이 당당하게 하지만 조용히 그 자리를 지키고 있다. 한참을 보고 있는데 갑자기 뒤에 있던 사람이 “Where are you from?”이라며 물어왔다. 뒤를 돌아봤고 같은 아시아인인 것을 보고 한국이라고 대답했다. 그러더니 놀라면서 자기는 일본 사람이라고 그를 소개하며 영어를 한 마디도 못한다고 했다. 우리는 대화의 99%를 파파고를 사용했다. 이 분은 일본에서 요리사로 일을 하고 계신데 사업 차 유럽을 방문했다가 베르사유 궁전이 궁금해서 왔다고 했다. 얘기를 하다가 페이스북 친구를 맺었다. 자신의 명함을 주면서 일본에 오면 음식을 대접하겠다고 하셨다. 그러다가 오늘 저녁에 같이 밥을 함께 밥을 먹자고 제안을 주셨지만 이미 스케줄이 다 차있는 상태이기 때문에 정중히 거절했고 다음을 기약했다. 시간이 어느 정도 더 흐른 뒤 베르사유 궁전에 들어가 구경을 시작했다. 내부는 휘황찬란했다. 금색을 베이스로 잡아 궁전 내부를 꾸며 내부가 반짝반짝했고 어느 한 부분 소홀히 하지 않고 엄청나게 신경을 들여 눈을 잠깐이라도 감을 수가 없었다. 천장과 벽에는 생소한 그림, 어디선가 본 듯한 그림, 유명한 그림들이 한 데 모여 눈이 쉴 새 없이 굴러갔다. 권력을 상징하는 건축물이라고 하더니 사방팔방이 권력을 자랑하는 듯했다. 제일 유명했던 거울의 방은 방 안에 수백 개의 거울이 반사되어 모든 곳이 금빛으로 일렁였다. 천장에는 장식된 크리스털 샹들리에와 루이 14세를 주제로 한 그림을 볼 수 있다. 어떻게 작업한 건지 궁금할 정도로 많은 곳곳에 공을 들인 듯 보였다. 개인적으로 궁전도 좋지만 정원이 더욱 기대되었다. 한참을 구경하고 정원으로 나오니 광활한 정원이 보였다. 너무 넓어 끝이 잘 보이지도 않았다. 멀리 있는 사람들은 전부 점처럼 보이기도 했다. 정원으로 가는 계단을 타고 내려가니 뷰가 또 달라졌다. 가까이서 보는 뷰는 마치 이 세상에 이 땅이 끝인 것처럼 보였다. 어디에서 시작해야 할지 모르겠어서 발이 가는 곳으로 갔다. 미로처럼 길이 갈래로 뻗어지는 길도 있는데 그 안으로 들어가면 갇힌 것 같은 기분이 들기도 했다. 1시간 정도를 밖에서 걸으니 너무 춥기도 하고 배도 고파져 벤치에 앉아 역 편의점에서 산 크루아상을 먹었다. 이 빵을 먹으면서 다음 날 숙소 옆에 있는 그 빵집에 꼭 가기로 다짐했다. 첫날부터 결코 쉽지 않은 여정이었지만 파리에서 유명하다고 하는 곳은 전부 다니면서 머리에서 잊고 싶지 않았다. 이곳에 있는 시간은 한정적이다. 그렇기 때문에 바쁘게 다니고, 보고, 움직였다. 한국에서는 얼마나 멈춰있었는지 모를 그 시간을 지나오면서 아무런 미련도, 흥미도 느끼지 못했다. 몸만 살아있고, 모든 정신이 죽어있는 느낌으로 시간을 보냈는데 이번 여행으로 내가 나를 조금씩 꺼내는 느낌이 들었다. 어디에서부터 꺼내지고 있는지는 몰라도 나는 미지의 곳에서 조금씩 나오고 있었다.

스위스 융프라우요흐를 가는 날이다. 날씨가 좋지 않으면, 제대로 된 풍경을 볼 수 없다고 하여 걱정했지만 다행히 이 날은 날씨가 맑아 멀리 있는 것까지 보였다. 원래는 투어를 신청했지만 최소 인원이 모집되지 않아 예약이 취소되었다. 스위스를 온 이유가 융프라우요흐를 가기 위한 것이었기 때문에 혼자서라도 가야 했다. 인터넷을 뒤져 가는 방법을 빠르게 찾아본 후, 호스텔을 나왔다. 융프라우요흐에 가는 기차를 타고 창문에서 눈을 못 떼며 계속해서 올라가고 있을 때였다. 갑자기 어떤 남자가 태극기를 들고 내 앞 좌석에 나를 보면서 앉았다. 그가 들고 있는 태극기를 보며 가이드인 줄 알았다. 그는 웃으며 혼자 여행을 온 건지, 한국분이냐고 물어봤고, 나는 그렇다고 답했다. 알고 보니 자신도 혼자 졸업여행으로 유럽여행을 온 학생이라고 했다. 마침 사진을 혼자서 찍으며 다녔던 나는 그가 오늘 하루 같이 여행을 하는 건 어떻겠냐고 물어봤고, 프랑스에서 서로 사진을 찍어줬던 좋은 기억 덕분에 흔쾌히 수락하게 되었다. 기차가 멈춘 역 이름은 클라이네 샤이덱(Kleine Scheidegg)이다. 이곳은 융프라우요흐로 가는 시작점이기 때문에 모든 사람들이 내리는 곳이다. 이곳에 내리자마자 너무 추웠다. 가뜩이나 겨울에 온 여행인데 산 위에 올라왔으니 다리가 저절로 게다리춤을 출 만큼 몸이 떨려왔다. 바로 가방에서 핫팩 2개를 꺼내 친구에게 하나를 나눠주었다. 이곳에서 또 한 번 기차를 타고 약 삼십 분 정도를 더 달려 아이 거산을 뚫어 만든 터널 속 임시역인 아이스메어(Eismeer) 역에 도착했다. 이곳에 사진 스폿이 있기 때문에 달려가 사진을 찍었다. 한 벽을 전부 차지하고 있는 창문에는 눈으로 뒤덮인 산이 보였고, 눈들은 휘날리며 자신들만의 작은 소용돌이를 만들고 있다. 사진을 빠르게 찍고 다시 기차에 올라탔다. 좀 더 지나 스핑스 전망대에 도착했다. 그곳에서 기념사진을 찍고, 바로 얼음궁전이라는 곳으로 갔다. 얼음궁전은 긴 큰 동굴이 있는데 사방이 얼음으로 뒤덮여있다. 바닥도 얼음으로 되어있어 넘어지지 않게 조심히 가야 했다. 걸으면서 보이는 Top of Europe 얼음 조각과 방문 당시 쥐의 해였기 때문에 쥐 모양의 인형도 있어 서로 사진도 찍어주었다. 그렇게 걸어서 밖으로 나가면 정말 춥지만, 환상적인 뷰가 보인다. 티 없이 맑은 하늘 아래 크디큰 산들이 우리를 반겼다. 바람소리만 들릴 뿐, 아무 소리도 들리지 않을 정도로 고요했다. 자연이 무섭다고 느껴질 정도로 웅장하고, 아름다운 곳이었다. 눈으로 덮여 있는 수많은 산들, 빈 곳이 없이 눈으로 꽉 찬 산은 눈이 부셔서 선글라스를 끼지 않으면 제대로 눈을 뜰 수 없을 정도였다. 하늘은 청명하다 못해 투명하다고 느껴질 정도였다. 추워서 눈물이 나면서도 사진으로 남기지 않으면 후회할 것 같아 사진과 영상을 번갈아서 찍었다. 1초에 10번씩 춥다는 생각이 머리를 스쳤지만 눈에 담아본 적이 없는 풍경을 보다 보니 한국에 있는 가족들이 생각나면서 기회가 된다면 스위스에는 꼭 한 번 여행을 다 같이 오고 싶다는 생각을 했다. 그래서 한국으로 돌아가면 가족들에게 보여주기 위해 더 열심히 영상과 사진을 최대한 사실적으로 찍으려고 노력했다. 밖에서 사진을 찍고 다시 전망대로 돌아가 유명하다는 전망대에서 작은 컵라면을 먹었다. 전망대에는 많은 사람을 수용할 수 있을 정도의 규모였으며 화장실, 매대와 많은 의자들이 놓여있었다. 내부도 추웠지만 외부가 너무 추워서 내부는 아늑했다. 유럽여행을 시작하고 밥을 하루에 한 끼, 많으면 두 끼를 먹어서였을까, 아니면 밖에서 먹는 라면이라서였을까, 그것도 아니면 산 꼭대기에서 먹는 라면이어서였을까. 첫 입을 넣자마자 눈물이 아주 살짝 핑하고 돌았다. 면발 하나하나가 소중해 몇 가닥씩 나눠먹었다. 입으로 들어온 면발과 국물은 내 입에서 폭죽을 터트려주며 목으로 내려갔다. 보고 있는데 보고 싶다는 말처럼 먹고 있는데 먹고 싶다는 말이 계속해서 생각났다. 과거 어느 1월 말 겨울에 동생과 집에서 술 한잔을 하다가 추운 날씨에 밖에서 라면을 먹으면 맛있다는 말이 생각나 아주 얇은 반팔 한 장만 입고 슬리퍼를 신고 나가 동생과 라면 한 개를 나눠먹은 적이 있었다. 춥다고 발을 구르며 동생과 밖에서 먹은 그 라면의 맛을 잊을 수 없었는데 이곳에서 먹은 라면의 맛은 그때보다 100배 정도였다. 절대로 잊고 싶지 않은 맛이었다. 유럽여행을 시작하며 음식의 소중함에 대해 매끼 깨닫게 되었다. 쉽게 얻을 수 있는 건 없으며 쉽게 얻었다고 해서 가볍게 대할 것은 아무것도 없다. 먹을 수 있을 때 먹는 것은 감사한 순간이다. 라면을 먹고 친구는 다른 곳에 들렀다 오겠다면서 저녁 약속을 하고 잠시 헤어졌다.

나는 다시 아래로 내려와 저녁에 먹을 음식을 사러 마트로 갔다. 내려오는 기차 안에서는 내가 사진을 혼자 찍고 있으니 어떤 아주머니께서 사진을 찍어주시겠다며 여러 번 정성스럽게 사진을 찍어주셨다. 잠깐 스몰토크를 나눴다. 혼자서 유럽여행을 왔다고 하니 대단하고 우리나라에 와주어서 고맙다고 말씀해주셨다. 그리고 아주머니께서는 풍경이 너무 아름답지 않냐면서 행복한 표정을 지으셨는데 괜히 집에 있는 엄마가 생각이 났다. 아주머니와 작별인사를 하고 밑에 도착했을 때, 어떤 여학생이 짐을 끌며 힘들게 가고 있길래 도와주겠다며 역 입구까지 함께 갔다. 그 학생은 중국계 미국인이었는데 혼자 방학이라 여행을 왔다면서 같은 처지이니 여행을 잘 끝 마쳤으면 좋겠다고 서로에게 말해주고 헤어졌다.

바람소리, 사람 소리, 그 어떤 백색 소음도 들리지 않는 고요한 저녁이다. 저녁을 먹기로 한 친구가 있는 숙소로 갔다. 그곳은 한국인들이 대부분 예약하는 숙소라고 했다. 아니나 다를까, 들어가자마자 스태프들을 빼고는 전부 한국인이었다. 순간 홍대에 도착한 것 같았다. 주방으로 가니 모두 다 한국인이었다. 다들 삼겹살, 맥주, 비빔면, 밥, 쌈장 같은 완전한 한국식 메뉴를 준비하고 있었다. 내가 묵고 있는 호스텔은 한국인이 나밖에 없었는데 이곳은 한국어만 들렸다. 친구와 함께 정한 저녁 메뉴는 스파게티, 핵 불닭볶음면, 소시지, 맥주였다. 스파게

티는 어림잡아 3인분 정도라 양이 정말 많았다. 유럽여행을 시작하고 음식을 배부르게 먹어본 적이 없다. 없는 돈에 여행을 시작했지만 가고 싶은 장소는 반드시 가려고 했기 때문에 식비를 많이 아꼈다. 파리에서 하루는 밥을 아예 못 먹은 적도 있고 배가 너무 고파 동전을 전부 털어 마트에서 제일 저렴한 과자를 사서 몇 개씩 나눠서 먹기도 했다. 이런 식으로 배를 채웠다 보니 눈앞에 있는 메뉴들이 100만 원 짜리 식사가 부럽지 않을 정도로 먹음직스러워 보였다. 나는 맥주로 입가심을 한 번 한 뒤 앞에 있는 음식들을 먹기 시작했다. 맛은 그냥 집에서 만든 스파게티 맛과 똑같았다. 심지어 소스는 부족한데 면을 욕심내서 많이 삶는 바람에 아마도 집에서 만들어 먹는 것보다 맛이 없었을 것이다. 그런데 오랜 시간을 배고픔 속에서 보내다가 먹고 싶은 만큼의 양을 먹으니 입안에 면발의 단 맛과 소스의 맛이 더해져 완벽한 단짠 조합을 선물했다. 먹다가 약간 싱거워지면 마트에서 사 온 햄과 함께 먹었다. 짠맛을 채워주면서 더욱 완벽한 맛이 되었다. 5분 정도는 둘 다 아무 말 없이 밥을 먹었다. 파리에서는 밥을 못 먹어도 배가 고프지 않다고 생각했다. 이도 사실이었다. 믿기지 않는 광경을 계속 보다 보니 배가 고프지 않았다. 하지만 이곳에서 배불리 밥을 먹으니 파리에서 배가 많이 고팠지만 자기 최면을 했던 것 같다. 좋은 풍경을 계속 보는 것도 행복하고 좋지만 음식은 우리를 제일 빠르고 저렴하게 행복하게 해 줄 수 있다는 것을 깨닫게 되었다. 음식을 먹고 나서 밖에 나가 벤치에 앉아 맥주를 마시기로 했다. 마트에서 제일 저렴한 맥주를 구매해 밖에 나가 앉을만한 장소를 물색했다. 조용한 동네는 아무

소리도 들리지 않았고 눈을 밟는 바스락 소리만 들렸다. 한적한 장소를 찾고 맥주를 마시기 시작했다.

배부른 배, 목도리로 중무장한 목, 두꺼운 패딩, 양말, 바지를 입고도 볼은 어느 정도 붉어지기 시작했다. 앉아있는 시간이 늘어날수록 우리도 모르게 다리를 떨기 시작했지만 서로 할 말이 많아 추위를 느끼면 맥주를 마시는 식으로 시간을 보냈다. 서로의 여행루트는 어떤 식으로 진행할 건지 가벼운 대화를 나누다 맥주가 더 들어가니 인생 같은 무거운 주제에 대해서도 이야기를 나누었다. 그러다 각자 혼자 온 여행이라 한국에 있는 가족들이 생각이 났다. 가족들에게 언젠가는 꼭 보여주고 싶다는 생각이 들었다. 마음속에서 정말 오랜만에 미래에 어떤 것을 하고 싶다는 마음이 생기는 순간이었다. 과거에는 한달살이처럼, 한 달 일하고 한 달 쓰느라 미래를 전혀 신경 쓰지 못했다. 오늘 쉬면 내일은 굶어 죽기 때문에 발목 깁스를 차고도 수업을 듣고, 일을 하고, 또 일을 구했다. 그래서 생각할 겨를도 없었고 현재의 퀘스트를 깨기 위해 매일 빠지는 마음속의 개미지옥에서 발버둥 치는 것이 힘들어 술통에 빠져 살아왔다. 이런 내가 내일을 바라보는 것이 신기했고 이런 상황에서 미래를 그려보는 것이 신기했다. 이전에는 미래를 그리는 것은 가진 자의 것이라고 생각했던 것이 박살 났던 순간이었다. 바닥에서 빛을 보았다는 느낌이 이런 것인지 혼자 속으로 많은 생각을 하며 이야기를 이어나갔다. 그리고 서로 지금까지 여행하면서 힘들었던 날 혹은 가장 기억에 남았던 순간들을 이야기했다. 길지 않은 시간을 유럽여행을 하고 있다. 매일이 겨울이지만 여름처럼 땀이 온몸으로 젖는 순간의 연속이었고, 쉽게 지나가는 순간이 하나도 없었다. 짐들은 기본 20kg이 넘어 숙소를 이동할 때마다 다른 길로 빠지진 않을지 걱정하며 돌아다닌 순간들, 파리 지하철에서 유턴을 경험해보거나, 파리에서 스위스로 가는 기차 안에서 왔던 길로 다시 돌아가는 순간도 있었다. 순탄하게 목적지까지 가기 위해 한국에서도 많이 공부를 하고 갔었지만 막상 현실에서 맞닥뜨린 문제들은 공부를 하고 가도 절대 쉽지 않았다. 파리에서는 울고 싶은 순간도 있고 밥을 먹지 못하니 배가 너무 고파 가족들에게 돈을 조금만 보내달라고 부탁할까 생각하기도 했었다. 아직 여행길이 남았지만 겨우 여행 7일 차에 음식의 소중함, 가족의 그리움, 사람들의 소중했던 호의들을 받으며 나만의 이야기보따리가 많이 차오르고 있었다. 비행기 티켓을 구매하기 전 눈이 떠지는 대로 일어나 음식을 먹은 날, 아무것도 하지 않아 매일 스스로를 자책하며 혐오하고 깜깜한 방 안에서 혼자 매분을 무너지던 순간들. 이 마저도 시간이 어느 정도 흐르니 더 이상 삶에 대한 어떤 기대, 희망, 좌절도 없고 그저 눈을 뜨니 숨을 쉬고 잠이 오니 잠을 자던, 눈빛에 아무런 감정과 초점이 없는 채 아무 계획도 없이 하루의 끝을 술로 마무리 지었던 날들을 보냈다. 하지만 유럽여행을 시작한 지금 나만의 플랜대로 아름다운 풍경을 보면 눈이 반짝일 줄도 알고, 스스로 이런 곳에 있다는 것에 놀랄 줄도 안다. 새로운 사람들을 만날 때마다 그들의 인생을 들으면서 다양한 인생을 살 수 있다는 것, 매일 새로운 장소에서 가볍게 지나가는 사람들과 스몰토크를 하며 무언가를 느끼기도 했다. 손과 다리가 퉁퉁 부어오를 때까지 걸으면 숙소에 가서는 단잠을 자기도 한다. 다음 날은 목적지에는 잘 갈 수 있을지 걱정이 이만저만이 아니지만 내가 밟는 공간들이 모두 경험이 되는 것을 느꼈다. 어떤 감정이든 전부 소중한 것이라는 생각이 들었다. 밥을 배불리 먹을 수 있고 원한다면 어디로든 움직일 수 있다는 것이 감사하게 느껴졌다. 행동이 변화하는 것을 느낄 수 있는 것은 결국 살아있기 때문에 가능한 것이다. 살아있기 때문에 변화할 수 있다. 결과를 바꾸는 것은 살아있기 때문에 가능한 것이다. 결과가 실패라고 할지라도 멈추지 않고 변화를 주어 성공으로 바꾼다면 그 실패는 과정이 되는 것이다. 이 것은 살아있기 때문에 바꿀 수 있는 '결과'이다. 그래서 나는 다시 한번 나의 시계를 돌려보고자 했다, 다시 움직여보자, 삶을 살아보자는 생각이 들었다.

새로운 경험을 하고, 많은 생각이 변화하고 여행을 마친 뒤 한국으로 돌아왔다. 여행을 떠나기 전에 지냈던 생활을 새롭게 바꿔보고자 했다. 아침과 밤이 뒤바뀐 매일, 하루도 빠짐없이 마셨던 술, 항상 해오던 온전하지 않은 생각들을 그만두고자 했다. 해결책을 밤낮으로 찾은 결과, 정신 상담을 받아보기로 결정했다. 그곳에서 먼저 약물 치료를 조심스럽게 권해주셔서 병원을 찾아 예약을 했다. 그렇게 나는 주 1회 병원을 방문하여 약을 먹고, 주 2회 상담치료를 시작했다.

다음으로 했던 변화는 낮과 밤의 시간을 돌려놓았다. 한국으로 돌아온 뒤 행복해지는 방법을 검색해서 보이는 모든 자료를 전부 보고 읽었다. 공통점으로 주었던 기본적인 솔루션이 바뀐 밤, 낮을 돌려놓

으라는 것이었다. 이 단순하고 평범한 솔루션에 이렇게 해서 얼마나 바뀔까라고 생각했지만 전문가들이 하는 말이니 속는 셈 치고 해 보자고 생각해서 실행에 옮기게 되었다. 이 생각을 하고 난 후 바로 바뀌었을까? 나는 다음 날 오후 두시에 일어났다. 더 말할 것도 없이 실패였다. 그 전보다는 일찍 일어났지만 기분이 좋지 않았다. 역시 안된다고 생각하려는 찰나, 여행을 통해 느낀 것들을 적용했다. 나는 계획이 틀어지면 그날 하루를 전부 버려버리는 습관이 있는데 이날은 그러지 않았다. 다시금 도전해보자는 생각을 하게 되었고 얼마 안 가 저녁에 다시 잠을 자고 다음날 아침에 어디든지 나가버리자고 생각했다. 일주일 동안은 7시에 도서관에 가서 낮잠을 자지 않는 것을 목표로 했다. 도서관에서 책을 읽든, 핸드폰 게임을 하든 자지만 말자고 생각했다. 그렇게 나는 그날 저녁 10시도 안돼서 잠이 들었다. 다음날 아침 7시에 스스로 잠을 깼다. 처음으로 기분이 좋았다. 출근 때문이 아니고, 뭔가를 해야 돼서도 아닌, 그냥 나를 바꾸기 위해서, 스스로를 위해 아침에 일어난 것이 처음이었다. 가방을 싸서 도서관으로 출발했다. 책도 보고, 게임도 하고, 밥도 먹고, 무엇을 해야 한다기보단 그냥 살려고 이런 식으로 시간을 보냈다.

다음 변화는 '운동'이었다. 이전에는 10km도 멈추지 않고 뛰었지만 지금은 10초도 못 뛰는 사람이 되어있었다. 도서관에서 나와 일단 무작정 걸었다. 1시간 반 정도를 걸으면 동생집이 있어 그곳에 가는 것을 목표로 했다. 도착해서 동생이랑 잠깐 대화를 하며 10분 정도 얼굴을 보고 다시 집으로 돌아갔다. 다행히 이 루트는 조용한 길이었기 때문에 나무가 흩날리는 소리, 바람 소리, 이어폰에서 나오는 동영상 소리뿐이었다. 가끔 걷다가 들리는 자전거를 타는 사람들은 아주 잠깐 내 옆을 지나 빠르게 사라질 뿐이었다. 그리고 집에 도착하여 오늘도 하루를 잘 보냈다는 생각이 든다.

시간 속에 갇혀 아무것도 보이지 않던 나를 잡아준 사람들에게.

당신들을 만날 수 있어 감사하다. 켜켜이 쌓여있는 어둠을 보내던 나를 지켜주어 감사하다. 건강하게 지내고 있는지, 하루하루 무사히 보내고 있는지, 모두에게 안부를 보내본다. 아프지 않도록, 조금은 편안한 삶을 살게 해 준 사람들에게 감사하다. 우리 모두 하루에 한 번은 웃으면서 보낼 수 있길 간절히 바란다. 아직 완벽하게 나아지진 않았다. 나의 병은 현재 진행 중이며, 늦게 일어나는 날에는 지금도 짜증이 나기도 한다. 그래도 나를 위해 묵묵히 자리를 지켜준 사람들에게 감사인사를 보낸다. 이제는 혼자가 아니라는 것을 안다. 이렇게 조금씩 진전하고 있는 결과, 나는 아주 천천히 꾸준하게 나아지고 있음을 느낀다. 할 수 있는 것이 반드시 있다고 느낀다. 지금 당장은 아무것도 아닌 것 같아도 끝까지 버텨낸다면 그것이 무엇이든 꽤 가치 있는 것을 만들 수 있을 것이라고 생각한다. 분명 '나'는 살아갈 이유가 있다. 당장 침대에 앉아서 하루를 끝낸다고 하더라도. 스스로가 만든 소용돌이에 자신을 맡겨 시간을 잃게 되더라도.

카페에서 위로, 간사이의 기억

노태운

노태운

커피가 좋아서 스페셜티커피협회(SCA) 바리스타프로, 로스팅인터미디엇, 센서리인터미디엇 교육을 이수했고, 커피 외의 음료도 익혀보고자 가양주 연구소에서 전통주 만들기 및 수수보리 아카데미에서 맥주 교육과 베버리지 아카데미 교육을 이수했다. 코로나 이전에는 일본 카페 투어를 종종 다녔으며 당일치기로 오사카 카페 투어를 다녀온 적도 있다. 커피뿐만 아니라 다양한 음료에 관한 글을 써서 맛있는 한잔에 대한 기쁨을 나누고 싶다.

인스타그램: @noderella_tw

프롤로그

"노 주임 내일까지 일하고 나가 줬으면 좋겠어."

일을 시작한 지 3개월쯤 사무실 옆 좁은 회의실에서 상사에게 들은 말은 나를 무너지게 했다. 그 한마디에 회사에 적응하려 노력한 3개월 간의 노력은 물거품이 되어버렸다. 당시 머물던 회사 기숙사로 돌아가 저녁부터 다음 날 아침까지 멍하니 밤을 지새웠다.

밤을 새우고 나서 퇴사 준비를 하기 위해 근처 마을로 향했다. 마을에 있는 문구점에서 파란색 포장 박스를 사서 돌아오는 길에 누군가가 불렀다. 뒤돌아보니 같은 회사 직원이 차를 몰고 가다 세웠다. 사무실에 있을 시간인데 밖에 있어서 불렀는데 무슨 일 있냐고 묻는다. 회사를 나가게 된 자초지종을 설명해 드렸더니 안쓰럽다는 표정을 하며 위로해주었다.

기숙사 숙소로 돌아와서 짐을 포장하고 부칠 준비를 다 한 후 잠시 누워있으니 휴대폰 메시지가 하나 왔다. 근처 카페로 잠시 나오라는 상사의 메시지였다. 카페에 가보니 상사와 또 다른 상사가 있었다. 아메리카노를 시킨 후 자리에 앉으니 상사가 말했다.

"사장님은 며칠 더 편하게 있어도 된다고 하셨지만 웬만하면 빠르게 나가는 게 좋을 것 같아"

그는 그렇게 말하며 내 속을 한 번 더 긁어 놓는다. 나갈 준비는 다 되었으며 내일 바로 나가겠다고 답했다. 그런 이야기를 하며 마신 아메리카노는 한약보다 쓰게 느껴졌다.

다음날 청량리행 시외버스를 탔다. 집으로 가기 위해서는 중간에 내려서 환승해야 했지만 그렇게 하지 않았다. 그대로 청량리까지 가서 이곳저곳을 방황했다. 봄바람은 따뜻하게 불었지만 내 마음은 차갑게 식어간 2018년 3월 중순의 어느 날이었다.

"3월 말에 친구들이랑 오사카 여행 갈 거야!"

당시 친한 누나가 노원구에서 카페를 운영해서 자주 놀러 갔었다. 당시 재취업을 어떻게 해야 할까 생각하고 있었기에 여행은 딱히 생각이 없었다. 그때 마침 누나가 일본 여행을 간다고 한 것이다. 이전에도 일본 여행을 자주 다녔고 전국 일주도 해본 적이 있었다. 그래서 숙소랑 가볼 만한 곳들에 대해 가이드를 해주다 보니 갑자기 일본 여행하고 싶어졌다. 바로 그 자리에서 비행기표와 숙소를 예약해버렸고 2주 후 3월 말의 월요일 나는 간사이 공항에 서 있었다.

오사카의 작은거인 마루신

오사카에 도착해서 마신 두 번째 커피는 정말 맛이 없었다. 커피에서 오래된 생두를 사용할 때 나는 완두콩 같은 향이 나서 기분이 나빠졌다. 신사이바이시에서 제법 유명한 카페여서 더욱 실망했다. 카페 카운터에 전문 바리스타가 아닌 일반 아르바이트직원으로 보이는 사람들이 있는 것을 보고 거르지 못한 것이 후회되었다.

그러한 커피를 경험하고 나니 첫날 계획했던 다른 카페에 가야 하나 하고 망설여졌다. 카페가 있는 지역 이름부터가 후쿠시마라서 더 불길하게 느껴졌다. 물론 도호쿠 지역의 후쿠시마와는 관계가 없는 지역이다. 그래도 사람 느낌이 있지 않은가? 불안함을 느끼면서도 후쿠시마로 가는 전철에 몸을 맡겼다.

그렇게 도착한 로스터리 카페 마루신. 1925년부터 영업을 시작한 유서 깊은 동네 카페이다. 대로변에 위치한 4층짜리 하얀 타일 빌딩 1층에 있다. 가게 정면 윗부분에는 CAFÉ ROASTERY MARASCHINO 이라고 쓰인 갈색 줄무늬 차양이 있다. 왼쪽에는 통유리로 된 창이 두 개가 있다. 그 앞에는 카페 메뉴를 안내하는 입간판이 두 개가 있으며 옆에는 갈색화분 네 개가 나란히 놓여있다. 오른쪽에는 갈색 틀로 둘러싸인 두 짝 유리문이 있는데 가운데에는 세월의 흔적이 느껴지는 황동색 봉 손잡이가 있다. 손잡이를 잡고 문을 밀고 들어가면 3단 나무 매대가 있다. 매대에는 다양한 커피와 커피용품들이 놓여 있으며 매다 앞 테이블에도 커피들이 잔뜩 놓여있다.

왼쪽으로 시선을 돌리면 바가 있는데 위에는 파스텔톤의 네모난 무늬가 있는 천이 놓여있다. 천이 있는 자리마다 의자가 놓여 있는데 갈색 나무로 된 아치형 등받이와 녹색 쿠션으로 구성되어있다. 바 오른편 안쪽 깊숙한 곳에는 회색빛 커다란 로스터기가 있는데 금방이라도 불을 뿜어낼 것 같다.

바 안쪽에는 여러 가지 기물들이 놓여 있는데 왼쪽에는 옛날 시장에서나 볼법한 커다란 저울이 놓여 있다. 그 오른편에는 일본의 오래된 카페에서 많이 쓰는 후지로얄사의 동글동글한 몸체를 가진 금색 그라인더가 있다. 바 가운데 위편에는 2단짜리 선반이 있다. 맨 윗단에는 커피가 담긴 유리통이 놓여있고 아랫단에는 커피가 담긴 종이 팩과 오래돼 보이는 시계 반짝이는 금색 빛 커피 봉투가 놓여 있다. 그 아래에는 CAFÉ ROASTERY MARASCHINO 이라고 쓰여진 금속 재질의 간판이 있다.

바 좌석에 앉으면 눈이 닿는 바로 앞에 메뉴판 두 개가 있다. 왼쪽은 DRINKS라고 쓰인 메뉴이고 오른쪽은 COFFEE COLLECTION이라고 쓰인 메뉴이다. 왼쪽 메뉴에는 핫커피, 아이스커피, 카페오레, 카페라테, 카푸치노 등의 메뉴가 있고, 오른쪽 메뉴에는 쿠바, 콜롬비아, 브라질, 예맨, 케냐, 인도네시아, 과테말라, 파푸아뉴기 등의 커피 원산지가 쓰여 있다.

가게 안에는 50대로 보이는 풍채 좋은 남성과 단아하게 생긴 동년배의 여성 그리고 긴 생머리를 끈으로 묶은 30대 초반의 여성 이렇게 세 명이 담소를 나누며 일하고 있다. 커피는 쿠바 크리스탈마운틴넘버원으로 주문했다. 쿠바는 한국과 교역 관계가 없어서 한국에서는 접하기 힘든 커피이다. 가격은 한국 돈으로 6,000원 정도로 저렴했다. 커피는 고풍스러운 잔에 나왔는데 컵 받침과 컵은 금박과 짙은 녹색의 테두리가 둘려 있다. 커피 맛은 다크초콜릿을 먹는 듯이 진하다. 가게에서 일하는 세 분께 이런 감상을 말하자 재밌는 표현이라며 즐거워하며 웃는다.

가게에서 일하는 세분은 가족인데 따님이 가업을 물려받아서 4대째가 되었다고 한다. 세 분과 일본 여행은 왜 왔는지, 한국커피는 어떤지 등에 관한 이야기를 하다 보니 두 시간이 훌쩍 지나 저녁 6시가 넘었다. 이제 자리에서 일어나서 귀가하려고 하자 따님이 바 안에서 커피를 내주는 포즈로 사진을 찍어보면 어떻겠냐는 재밌는 제안을 해주셨다. 흔쾌히 수락했고 바 안에서 사진을 찍는 영광을 누렸다. 사진을 찍고 다음에 꼭 다시 놀러 오겠다며 인사드리고 가게를 나섰다.

교토의 고즈넉한 카페 위크엔더스

오사카에서 바리스타분들에게 맛있는 커피를 마시려면 어디를 가야 하냐고 물으니 한결같이 교토에 가라고 추천해주셨다. 그중 가장 많이 추천받은 위크엔더스를 시작으로 교토 카페 투어 일정을 짰다. 위크엔더스가 위치한 교토시 나카교구 호네야노초는 교토에서 가장 오래된 이노다커피라는 카페도 있어서 카페 여행을 시작하기에 최적의 장소이다..

오사카가 시끌벅적한 분위기라면 교토는 조용하고 차분한 분위기이다. 물론 관광객들이 많은 관광지 위주로 가면 교토도 답답할 정도로 사람도 많고 시끄러우나 나는 카페 투어가 목적이기 때문에 괜찮았다. 위크엔더스가 위치한 호 너야 노조는 주택이 많아서 더욱 차분한 분위기이다. 일본 드라마에 자주 나오는 일본 주택가에 교토의 오래된 건물들이 더해진 것 같은 느낌이다.

카페를 찾는데 무척이나 헤맸다. 왜냐하면 카페가 영업하는 위치가 주차장 맨 끝에 있는 2층짜리 목조 주택이기 때문이다. 건물은 검은색 기와지붕과 2층은 새하얀 벽의 3분의 1 정도를 차지하는 나무로 된 큰 창문이 달려있다. 그리고 1층에 카페가 있는데 카페 주변은 여러 가지 나무로 덮여있어서 마치 주차장 끝에 있는 게 아니라 숲속에 카페가 있는 느낌이 든다. 카페와 주차장 사이에는 아담한 담이 있다. 그곳에 작고 긴 의자를 두고 앉아서 커피를 마실 수 있도록 해두었다. 카페 입구는 나무 프레임에 유리가 있는 미닫이문으로 되어있다.

카페 안으로 들어가면 갈색 나무로 된 바가 있고 왼쪽부터 그라인더, 에스프레소 머신, 드리퍼 두 개, 계산대, 원두 진열대가 놓여 있다. 바 뒤편 왼쪽 벽면에는 하얀색 에어컨이 있고 바 바로 뒤편에는 갈색 나무로 된 선반이 있다. 선반 위에는 한해의 안녕을 비는 편지지만 한 크기의 종이에 빨간색 띠로 감싸인 부적 같은 것이 있으며 그 옆에는 검은색 옹기그릇 같은 것이 있다. 그 아래에는 유리잔이 놓인 공간 두 칸과 맨 아래는 여닫을 수 있는 보관 공간이 있다. 선반 아래편 왼쪽에는 그릇을 회색빛 싱크대가 있고 오른쪽에는 회색 업소용 냉장고가 있다. 냉장고 위에는 테이크아웃 컵과 저울이 놓여있다.

바에는 젊은 바리스타 두 명이 커피를 내리고 있는데 남자는 긴 머리를 묶고 동그란 안경을 쓰고 갸름한 얼굴에 콧수염과 턱수염이 멋있었고, 여자는 하얗고 깨끗한 피부에 검은 단발머리를 한 사람이다.

파나마 게이샤라는 커피를 주문했다. 하지만 이름과 다르게 일본 게이샤와 관계없는 커피다. 단지 품종 이름이다. 커피는 '하리오V60'로 내려 주는데 원뿔 모양으로 생긴 하얀색 드리퍼이다. 은색 커피포트를 들고 남자 바리스타가 천천히 정성스럽게 커피를 내려서 하얀 잔에 제공해준다. 커피는 마치 꽃차 같은 느낌의 커피였는데 먼저 코로는 꽃다발에서 맡을 수 있는 꽃 향을 느낄 수 있었고 입 안에서는 재스민, 라벤더의 느낌이 났다. 그리고 좀 더 식으니까 레몬그라스 같은 향도 느낄 수 있다.

결국 나오는 길에 원두를 잔뜩 사고 말았다. 원두를 너무 많이 사서 다 먹지 못하고 나눠주거나 버린 적이 한두 번도 아니면서 말이다. 하지만 위크엔더스의 커피는 그런 우려가 잊힐 만큼 너무나 매력적이고 황홀한 커피다.

이곳에는 맛있는 커피를 정성스레 내려주는 사람들이 일한다. 덕분에 맛있다는 정의를 다시 한번 곱씹어 보게 되었다. 직접적으로 느껴지는 맛뿐만 아니라 풍경과 사람의 마음 까지 포함 되는것이 아닌가 하는 생각을 하게 만드는 매장이었다.

고베의 외롭지만 씩씩한 카페 아케쿠레빈스

아케쿠레빈스는 고베에서 보기 드물게 만날 수 있는 스페셜티 커피 전문점이다. 고베는 보통 강하게 볶은 커피를 사이펀이라고 불리는 기계로 내려주는 가게들이 많다. 그렇지만 이곳은 핸드드립 커피를 취급하는 곳이기에 방문하기로 했다. 가게의 위치는 일반 관광객이 들를 일이 없는 곳인 고베시 스마구 히가시마치라는 외진 동네이다. 그렇기 때문에 미지의 세계로 찾아가는 듯한 흥분이 들었다.

비가 주룩주룩 내려서 날은 좋지 않았지만, 비가 오면 오는 대로 운치가 있어서 좋다. 가는 길에 철도 건널목을 건넜는데 골목길에 있는 철도 건널목이라 신기하다. 건널목 옆에는 BOOK이라는 단어가 써진

주황색 건물이 있는데 곰돌이 캐릭터가 붙어있어서 귀엽다.

아케쿠레빈스를 가는 중간에 재밌어 보이는 카페가 있어서 들어가 보았다. 커피 생두를 매장 안에 쌓아 두고 손님이 주문하면 그 자리에서 바로 볶아 주는 가게이다. 매장으로 들어가면 오른편에 통돌이 오븐만 한 크기의 로스터기가 세대가 있다. 그 앞에는 유리 진열장 안에 각각의 이름이 붙은 생두가 있고 더 앞쪽에는 생두포대에 들어있는 생두들이 진열되어 있다.

안쪽으로 들어가면 테이블과 함께 바 좌석이 있다. 바 안쪽에는 깔끔한 검은색 유니폼을 입은 직원들이 바쁘게 움직이고 있는데 유니폼을 맞춰 입어서 더 전문적으로 보인다. 이런 곳의 커피는 어떤 맛일지 궁금했다. 그래서 가게의 시그니처인 하우스 블렌드 커피를 주문했다. 중년 여성분이 내려주셨는데 초콜릿 같은 단맛이 좋은 커피다. 커피 한잔을 마시며 바리스타와 이런저런 이야기를 나누다 보니 시간이 한참 지났다. 미리 주문했던 커피콩을 받아서 가게를 나왔다.

걷고 걷다가 작은 도롯가에 위치한 아케쿠레빈스에 도착했다. 가게는 작고 아담한 1층 건물로 되어있는데 건물 전체가 진한 남색으로 칠해져 있고 현관문은 갈색 목재로 된 유리문이라 도드라져 보인다. 가게 안으로 들어가면 입구 근처에 후지로얄 로스터기가 놓여 있는데 검은색 몸체에 걸려있는 작은 칠판에 커피 수업을 한다는 글귀가 귀여운 필체로 쓰여 있어서 정겨웠다.

가게 안쪽에는 옅은 갈색의 사람 가슴 높이 정도의 바가 있다. 바에는 원두 봉투와 원두를 시음해볼 수 있는 커피 서버가 나란히 놓여있다. 원두의 종류도 상당히 다양했다. 다양한 국가의 커피뿐만 아니라 직접 블렌딩한 커피들도 개별 포장해서 커피의 이미지에 맞게 다양한 색상의 라벨을 인쇄해서 붙여 놓았는데 라벨이 예뻐서 원두를 사고 싶다는 생각이 들게 만든다.

가게 오른편에는 나무로 된 긴 진열장이 있는데 그곳에는 선물용 커피들이 놓여 있었고 안에는 콜드브루 커피가 담겨 있다. 선물상자가 진열된 곳 위편에는 드립백 상자가 있고 그 오른쪽에는 프렌치프레스가 놓여 있어서 전반적으로 선물용 위주로 진열해 놓았다.

가게는 남자 사장님 혼자 운영하시는데 멋들어진 콧수염을 기른 젊은 분이다. 커피를 내려 주실 때 진지하게 드리퍼에 집중하면서 내리시는데 표정이 마치 일본 무사가 전투에 임할 때 비장한 표정을 짓는 것 같은 느낌이 들어서 커피 한잔에 정말 진심이라는 마음이 전해져 왔다.

한참 구경하고 나니 주문한 에티오피아 커피가 나왔다. 꽃향기가 나면서 과일 같은 산미를 가지고 있고 목에서 넘길 때 단맛이 균형감을 잡아주는 좋은 커피다. 커피잔은 푸른색 도자기 잔인데 무게감이 있어서 들기에 좋다.

커피도 커피지만 사장님과의 대화도 즐겁다. 사장님은 외국인이 외진 곳까지 커피를 마시러 왔다는 것에 놀라셨다. 생각해보면 그럴 만도 한 것이 서울로 따지자면 오직 커피 한잔을 마시려고 서울에 관광하러 온 외국인이 노원구쯤 가서 커피 마시는 것과 비슷하기 때문이다. 오사카에서 먹었던 맛없는 커피와 한국 스페셜티 커피 업계 이야기를 나눴다. 사장님이 고베는 스페셜티 커피 하는 곳이 별로 없어서 한국이 부럽다고 한다. 이렇게 맛있는 커피가 고베에서는 아직 받아들이기 힘든 커피라니 안타깝다. 아케쿠레빈스의 커피가 고베 스페셜티 커피 시장을 이끌 수 있길 마음속으로 기도하며 카페를 나섰다.

간사이 카페투어를 마치며

일본 여행을 떠나기 전에 오래 다닐 수 있고 전공도 살릴 수 있다고 생각한 회사에서 3개월 만에 사직당하게 되어서 좌절감도 느끼고 '앞으로 뭘 하고 살지?'라는 생각밖에 들지 않았다. 그래서 사람들도 만나기 귀찮아지고 재밌는 일도 없었다.

하지만 간사이 카페투어를 하고 나서 세상은 차갑지만 않다는 것을 느꼈다. 사대째 가업을 이어가는 여사장님, 주차장 끝 작은 가게의 맛있는 커피를 먹고 행복하게 웃는 사람들, 스페셜티커피 가게가 거의 없는 고베에서 묵묵히 자기길을 걸어 가는 사장님 등 따뜻한 기운을 가진 많은 분들을 만났다.

따뜻한 기운을 가진 사람들을 만났더니 사람에 대한 원망과 불신도 자연스레 누그러지게 되었다. 세상은 이렇게 열심히 자기 길을 가는 사람들과 타인에 대해 배려를 하는 사람들 때문에 존재 할 수 있구나 라는 생각을 가지는 계기가 되었다.

한국에 돌아가서도 다시 한번 사람을 믿어보고 앞으로 살아갈 길을 찾아봐야겠다는 결심을 굳게 했다. 그리고 한국에 돌아와서 아는 분의 주선으로 바리스타학원에서 일하게 되었다. 커피가 이어준 인연 같았다.

바리스타학원에서 일하면서 많은 인연을 만났다. 그중에서 가장 기억에 남는 분은 호주에서 오신 분이셨다. 카페를 하기 위해 고향에 있는 학원에 오게 되셨는데 마침 그때 일을 시작하게 되었다. 새로운 것을 배운다는 것에 대한 열정이 남다르셔서 감명 깊었다.

호주에서 오신 분 그리고 또 다른 한 분과 함께 오월에 도쿄 카페 투어를 갔다. 카페 투어를 하다 들른 어느 카페에서 아메리카노를 시켰다. 그렇게 시킨 아메리카노는 3월에 먹었던 아메리카노와 달리 쓴맛이 느껴지지 않았다.

이제 내 봄날에 그대는 없다

해날에

해날에

안녕하세요. 제 소개 글을 읽어주셔서 감사합니다. 이 말부터 하고 싶어요. 저는 사계절 중에 봄을 4위로 좋아하고 있어요. 벚꽃이 봄에 피는 꽃이 아니었으면 아예 안 좋아했을 거예요. 지금까지 하루도 빠짐없이 저만의 세계를 만들어 혼자만에 글을 쓰고 작가라는 꿈을 가지게 있어요. 하지만 독자님들의 마음에 사로잡을 글은 참 어려워서 글쓰기는 취미로 합니다. 그래도 제 글을 누군가가 읽어줬으며 하는 바람이 있어 이렇게 기회 삼아 도전하게 됐습니다. 첫 작품이 표현이 서툴고 내용은 산만하지만 이게 지금의 저에요

꿈만 같았던 그날

한낮 봄바람으로 분홍빛 꽃가루를 날리며 꽃들은 살랑살랑 춤추고 있는 4월이다. 그 벚나무 아래 나는 그 벚꽃과 닮은 첫사랑을 즐기고 있었다.

미화: 지금이다 빨리 벚나무 아래에 서봐 내가 인생샷 하나 건져볼게

그대: 여기 서면돼?

미화: 오 좋아 좋아 완젼 그림이네 인디언 보조개 나오게 크게 웃어봐바

그대: 이렇게 하면돼?

미화: 어 맞아 두 손으로 하트만들어볼래 오 좋아 찍는다 하나!둘!셋!

갑자기 내 핸드백에서 전화 벨소리가 울려 왔다. 그런데 조금 이상하다. 이 벨소리는 그대의 핸드폰 번호에만 울리는데 지금 내 앞에 있는 그는 두 손으로 하트 모양을 만들고있어 핸드폰을 만질 틈이 없다. 그 순간 나는 이곳이 꿈속이란걸 자각했고 눈앞에 있는 공간들이 한순간 암흑으로 가득했다.

내가 어디 있어도 꿈속에서도 나에게 너뿐이야 남은 인생을 걸고 말할게 두번은 없어 넌나의 마지막 내 마지막 첫사랑(폰 알림음)

함밤중에 들려온 전화벨 소리때문에 마주하기 싫은 현실에서 눈을 떴다 옆에 울리는 핸드폰을 보며 행복한 꿈을 방해한 그가 실망 스러워서 한숨을 크게 들이쉰뒤 전화를 받았다.

미화: 여보세요?(자다깬 목소리로)

그대: 여보세요? 자고있었어? 아직 한국 시간으로 오후 9시 21분이라 안자고있을줄 알았지!

미화: 응 나 요즘 빨리 자잖아 퇴근하자마자 씻으면 바로 곯아 떨어지더라

그대: 그래도 내일 주말인데 벌써 잔다고? 우리 예전에 새벽까지 통화하고 그랬잖아 그 때는 펄펄하더니 지금 많이 허약해졌네

미화: 어 진짜? 내가 그랬었나? 미안 요즘 일도 많이 힘들어서 그런가 피곤해서 아무것도 안하고 싶고 그냥 자고 싶어

그대: 그래 깨워서 미안 푹 자고 다음에 또 전화할께

미화: 응 다음에 보자

통화가 종료되는 순간 다시 꿈속의 그 장면으로 돌아가기 위해 다시 눈을 감았지만 흘러 터진 눈물로 때문에 잠 못 이루는 밤이 되었다. 앞으로 잠이 들때까지 나는 그날을 그리워하고 슬퍼하는 시간을 보내야 했다.

새벽 4시인데도 잠은 오지 않고 탁자위에서 눈물을 닦은 휴지만 쌓여져있다. 누구가에게 위로를 받고 싶었으나 내 슬픔을 완전히 이해할 사람이 나 자신 밖에 없어 일기장과 볼펜으로 나 자신을 마주 하면서 문제점을 찾고 답을 적어 보았다.

미화의 일기

2020년 3월 31일

내 사랑은 과연 어디서부터 잘못되었을까? 먼저 그편지를 받았던 올해 1월 13일로 거슬러 올라가 보자면 그편지를 보기전까지는 아무런 문제가 없었던건 확실했으니 편지의 내용은 이랬다.

미화에게

중요한 할 말을 어떻게 시작해야 할지 몰라 편지부터 쓰게 됐어 지금 무척 긴장되고 떨리지만 너무나도 큰 사랑을 주는 너에게 가장 먼저 솔직하게 말하고 싶어 부족한 문장으로 나아 글을 쓰고 있어 너도 알고 있겠지만 나에겐 이루고 싶은 꿈이 있었어

그러던 중 몇 달 전부터 그 꿈을 이루는 기회가 내게 온 거야 그 기회를 놓치면 안 되겠다는 생각으로 계획했던 부분들 몇 개는 포기하거나 잠시 미뤄야겠더라 그중에 너도 포함돼있어 언제 말할지 고민하면서 더 이상 시간을 자체 할 수 없었기에 조심스레 용기를 냈어 이러한 소식을 듣고 축하해 주는 동료들 그리고 과분한 사랑을 준 너에게 항상 감사해 어디 멀리 있어도 너의 마음 절대 잊지 않고 변함없는 마음으로 최선을 다해 보답할게

이해심이 부족했던 나는 이 편지의 내용을 자세히 알아봤더니 그가 앞으로 1년간 아프리카로 봉사를 간다는 이야기였다 이런 일은 기쁜 마음으로 축하해 주고 응원해야 하는데 내 진짜 속마음은 이 순간이 거짓말이길 바랐고 실망감과 허무함으로 가득 찼다

출국 당일 마중 나와 웃으면서 그를 보내줄 자신이 없어 그날 선약 핑계로 안 갔다 그 전날 목소리라도 듣고 싶어 그에게 전화를 걸었다 연결음이 갈때마다 마음은 점점 조여올수록 내 본심을 더욱 억눌렀다.

그대: 어 방금 전화하려고 했는데

미화: 짐은 다 챙긴 거야?

그대: 응 준비 다했지

미화: 1년이나 거기 살아야 하니 가져갈게 참 많겠다 진짜 그동안 너 보고 싶어서 어떻게 참지?

그대: 괜찮아 시차가 7시간넌깐 시간 나는 대로 틈틈이 통화해주고 너 심심하지 않게 톡 많이 남겨 놓을게 늘 했던 것처럼 우리 그동안 잘 해왔잖아

미화: (속상했던 마음으로 눈물을 터트린다)

그대:(당황한 목소리로) 무슨 일 있어? 왜 울어? 울지 마

미화: 울지 말라니 너 때문에 우는 거야 너 나한테 해야 할 말 없어?

그대:(한숨을 쉬고) 그래 일단 눈물 다 그치고 조금 이따 얘기하자

미화: 끊지마 네가 해야 할 말 다 하고 끊어

1분간 침묵이 흐르고 난 눈물을 그쳤다 그리고 화난 목소리로 소리쳤다

미화: 답답하다 내가 알려줄게 너 왜 나한테 미안하다고 안 해? 혼자 남아서 기다려야 하는 나에게 미안한 마음이 조금도 없어? 그리고 이런 건 편지 말고 직접 만나서 얘기를 했어야지 6개월 동안 시간이 있었는데도 왜 말 안 한 건데? (한숨을 푹 쉬고) 이제 와서 따져봤자 달라지는 건 없겠지 그만할게 잘 가

출국 날 한밤중 새벽 그에게 장문의 문자가 왔다. 당연히 이별 통보일거라 생각해 체념하고 문자를 읽었다.

이 마음을 어떻게 전해야 할지 몰라 글이라도 남길게 또 자칫 서투른 말로 너에게 상처 줄까 걱정이지만 그동안 기다렸던 너에게 미안하다고 먼저 사과하고 싶어 너도 그날 갑작스러운 소식에 놀라고 당황스러웠을 텐데 나도 조금 예상을 했는데 그 뒤를 생각 안 하고 편지로만 남겨서 미안해 그래도 이사실을 먼저 알려야겠다는 생각만으로 글을 남겼는데 내 마음과 다르게 부족하고 서투른 말들로 실망해 상처받은 너의 모습을 알고 나도 많이 아팠어 내 마음이 잘 전달될지 모르겠지만 지금까지 네가 준 사랑에 진심으로 감사하게 생각하고 네가 있었기에 지금의 내가 여기까지 온 거 누구보다 잘 알고 있어 너무 늦게 사과의 마음을 전해 다시 한번 미안하고 다시 만날 우리를 위해 노력할게!

진심으로 축하해 줬으면 다 괜찮았을 텐데 철없는 내가 다 망쳐놓았다. 그런데도 그는 이 사태를 수습하려고 노력했다. 나는 그날을 반성하면서 앞으로 1년간 이 사랑을 이별로부터 지켜나가기로 결심했왔다.

그로부터 곳 봄이라서 그런지 그와 함께했던 작년 봄날이 꿈에서까지 나올 만큼 너무 그립다. 내년에는 함께해 준다는 그의 말에 위로되기보단 그날까지 내마음이 그때 처럼 다시 돌아 올수있을지 불안해진다. 지금의 나는 작년의 행복했던 마음과 달리 눈물주머니 같은 우울한 마음을 하루 종일 안고 살고 있다 어쩌다 한번 눈에서 물이 쏟아져 나오기도 하며 사람들 있는 곳에는 절대 흐르지 않게 삼키는 일이 많다. 어떻게든 이 감정에 애써 벗어 나 보려고 좋아하는 일들은 시작해 봤지만 전혀 기뻐하지 않는 내 모습 때문에 불행해진다. 물론 그대에게 기대 보기도 했지만 예전만큼 난 그를 사랑 하지 않아서 어려워진다. 그 사랑 또한 짐이 된거 같다. 하지만 나의 마지막사랑이길 바랬던 그대하고도 끝이 나면 이별의 고통은 지금보다 더 아프겠지 아무런 해결 방법이 없어 어제, 오늘,내일이 도미노처럼 무너지는걸 구경만 하고있다. 결국 도망칠 곳은 꿈속밖에 없었으며 이대로 영원히 잠만 자고 싶다. 아니 꿈에서 깨어나는 현실이 없어지길 바란다. 어쩌면 이 문제의 답은 죽음이다.

그리고 며칠뒤 이번 주에 지구가 소행성 충돌로 멸망한다는 좋은 소식이 내게 들려왔다.

충돌 확률이 55%라 전 세계가 난리 날줄 알았는데 의외로 세상은 평소와 다를 거 없이 출퇴근을 반복했다. 그래도 나는 이 우울한 현실의 해방과 지금 사랑하지 않지만 마지막 순간만이라도 최선을 다해 그를 사랑하는 마음을 안고 죽을 생각에 최후의 날을 기대된다.

지구 최후가 되길 바라던 날

근무 OFF라서 집에서 쉬고 있었는데 반갑지 않은 직장 전화가 왔다.

직장 선배: 여보세요? 미화야 오늘 근무 좀 나와줄 수 있니?(간절한 목소리) 오늘 갑자기 신입이 병가 내는 바람에 일해줄 사람이 너밖에 없어

미화: 저 오늘까지 하면 7일째에요 말이 돼요?

직장 선배: 너 이번 주 많이 고생한 거 알지 근데 부탁할 사람이 너밖에 없다. 대신 다음 주 주말 포함해서 이틀 더 빼 줄게

미화: 오늘 밤에 지구 최후의 날이라던데 다음 주가 과연 올까요?

직장 선배: 너 나이가 몇인데 신입이 하는 말을 믿냐? 잔말 말고 올 거야? 말 거야?

미화: 옙! 선배님 지금 세수하고 바로 출근하겠습니다!

직장선배: 고마워 너밖에 없다 이따 끝나고 밥사줄게 뭐 먹고싶어?

미화: 퇴근시켜주세요

직장선배: 어...그래... 이 일만 잘 끝내면 30분 일찍 보내줄게

전화를 끊은뒤 어차피 잠도 안 왔는데 빡세게 일하고 최후가 올 때

쯤 깊은 잠에 빠질 수 있어 다행이란 생각이 들었다. 일을 바치고 집으로 귀가해 바로 잘 준비를 했다 몸도 무겁겠다 수면 유도제 도움 없이 깊게 잠들 수 있어 좋았다 그전에 그에게 마지막 문자로 잘 잘게요 내 사랑이라고 보낸 뒤 편안한 마음으로 잠을 잤다.

다음날 아침 치다만 암막 커튼 사이로 들어온 아침 햇살이 내 눈을 찔렀다. 지구 멸망은 결국 안 온 것이다. 한순간 인생이 제멋대로 안되는 우울감이 아닌 빡침이 몰려와서 이불을 쎄게걷어차면서 일어났다.

아직 5월 중순인데 벌써 여름이 온 것처럼 날이 더웠다. 열기 때문인지 마음속 우울한 눈물주머니가 말라가고 있다는 걸 느꼈다. 별것도 아닌 일에 웃게 되고 주변에서 재미있는 일들이 많아졌다. 지구는 멸망되지 않았지만 그전에 있던 내가 사라지고 다시 시작된 기분이 들었다. 하지만 여전히 마음에 걸리는 문제가 남아있었다. 더이상 지체할 수 없기에 나는 그에게 먼저 전화를 걸었다.

그대: 어 미화야 잘 잤어?

미화: 응 한동안 내가 많이 뜸했지 너는 잘 지냈어? 며칠 전에 지구 최후의 날이었던 거 알아?

그대: 그런 일이 있었어? 일이 바빠가지고 그런 건 전혀 모르고 있었어 결국에 안 왔네

미화: 맞아 소행성 궤도랑 안 겹쳐서 피할 수 있었데 나 그때 마지막

소원이 널 마지막 사랑으로 남겨 두고 싶었어 잠들 때까지 널 많이 사랑했다

그대: 고마워 마지막 사랑으로 생각해 줘서

미화: 근데 그날 이후로 널 사랑하지 않게 됐어 우리 여기서 끝내자

그대: 무슨 말이야?

미화: 나도 처음에 이런 마음받아들이기 어려웠고 괴로웠어 널 사랑하지않는 죄책감에 시달리고 널 사랑하는게 많이 어려워서 그만둘래

그대: 장난하는 거 아니지? 돌이킬 수 없는 짓 하지 마 진짜 끝날 수도 있어

미화: 나 이별 가지고 장난칠 만큼 철없는 애 아니야 진짜 헤어지고 싶어

그대: 내가 혹시 잘못한 게 있다면 다 말해 줄래?

미화: 잘못한 거 없어 내가 널 사랑하지 않아서 끝내고 싶어

그대: 그래 알겠어

자칫하다 마음에도 없는 미안하다는 말까지 나올까 봐 먼저 통화를 종료했다. 며칠간 못 나왔던 눈물들이 하루 종일 나올 줄 알았는데 단 한 방울도 맺혀지지 않았지만 첫사랑의 결말을 서투르게 지은듯해 아쉬운 마음만 들었다.이별하면 세상이 끝날 줄 알았는데 세상은 잘 돌아가고 있었다. 그 세상 속에 사는 나도 마찬가지로 알 수 없게 그럭저럭 잘 사는 중이다 가끔 그와의 추억이 그리울 때도 있어 전화번호를

눌러보다 그도 많이 변한 것 같아 부질없는 짓이이라 생각하고 그만뒀다. 그렇게 시간이 다 해결해 줄 거란 말을 믿으면서 내일 위해 오늘 하루 잘 보내자는 목표를 가지게 됐다. 자기 개발을 하면 피곤하니깐 근무가 끝나면 그 즉시 드라마나 영화를 보면서 문화생활을 즐겼기면서 멋있고 존경스러운 인물이 생기면 닮고 싶은 마음에 제2의 외국어를 도전하고 부지런히 청소도 하게 됐다. 그런 모습을 본 우리 엄마도 놀라고 방 청소로 매일 잔소리하는 아빠의 입을 꾹 닫게 만들었다.

또다시 봄이왔다

어쩌다 보니 겨울이 지나 봄이 다시 찾아오고 벚나무의 꽃이 다시 피어나기 시작했다. 문득 그날의 봄이 다시 생각나 핸드폰을 번호를 누르고 전화를 걸었다.

미화: 어 여보세요. 잘 지내지? 다름 아니라 벗꽃이 예뻐서 전화했어

친구 1: 엊그저께 보고 보고 뭔 소리야! 용건만 말해 또 저번처럼 감성 터져서 1시간이나 붙잡지 말고

미화: 다름이 아니라 이번 주 주말에 시간 되면 꽃놀이 가자!

친구 1: 그래! 나 그날 선약도 없었는데 잘 됐다 이참에 친구 2하도 친구 3도 같이 부르자

미화: 어 안 그래도 문자 남겨놨어 방금 친구 3한테 답장 왔는데 나 보고 싶다고 꼭 간 데

친구 1: 그러면 친구 2만 남았네 걔도 아마 될걸 우리 아니면 누구 잘 안 만나잖아

미화: 맞아 친구 3은 우리 약속을 깬 적이 없지 그러면 만날 시간하고 장소는 단톡방에서 정하자 곳 6시니깐 얘들 다 퇴근했겠다.

친구 1: 나도 퇴근 중 톡 방에서 봐

드디어 내일 오랜 친구들과 꽃놀이를 간다는 생각에 설렌다. 앞으로도 자주 만나면서 좋은추억들 많이 남겨놔야한다는 생각에 최신 폴라로이드를 샀고 장롱에 쳐박아놓은 원피스을 위해 열심히 다이어트도 했놨다. 이젠 내일 아침 눈만 뜨면 그날의 봄보다 더 좋은 날을 만들것이다.

차 창문 밖에 가로수길에 만개한 벚나무들의 꽃잎들이 날아다녔지만 그 사이에 빗방울들이 우두둑 떨어졌다.

친구 3: 일기예보 오늘 60% 맑아 거라면서 비만 잔뜩 오고 이게 뭐야? 차밖에 나가지도 못하고

친구 2: 일단 어느 정도 그칠 때까지 기다려보자 큰맘 먹고 여기까지 왔는데 사진이라도 예쁘게 찍어야지

친구 3:글면 뭐해? 날씨가 우중충한데 봄 하늘은 새 파란색이어야

잘 나온다고

미화: 괜찮아 괜찮아 그런 거 요즘에 포토샵으로 가능해 기분 풀어

친구1: 여기 검색하니깐 이 근처에 맛있는 훠궈 집 있데 거기서 밥 먹자 오픈 시간이 12시라닌깐 지금이 11시 22분 거의 30분 남았네!

친구2: 나 차 안에 노래방 기능 있는데 우리 다 같이 노래나 부를까? 미화야 너부터 노래 한번 뽑아봐

친구3: 미화야 너 애창곡 제니의 SOLO 불러라

미화: 음... 아니 NCT DREAM의 미니카로 선곡할래

*유독 깊은 밤을 넘어 어느새 거울엔 키만 큰 어린애 좀 어색해 작아져 넌 순간

되고 싶은게 당연했고 꽤나 진지했었던 고민 속 함께 울고 웃던 그때로 OHOH~

괜시리 맘이 울적할때 현실을 잊고 잠시 놀러 와 널 데리러 나 달려갈게 네 맘을 실어줘

온종일 뛰어들던 동네 눈부신 계절 빛 그하나도 여전하게 널 비춰 사라져 모든 고민도

반가운 그 목소리 가득한 웃음소리 함께한 노랫소리 그 때로 함께 가는 거야 *

친구1: 어 비 조금 그쳤는데? 지금이라도 찍자

친구3: 언능 내리자? 삼각대 설치하고있을게 첫 포즈는 뭔지 알지?

엄지척 이다

친구2: 무슨 산악 동호회 아저씨들처럼 엄지척이 뭐냐?(웃으면서)

친구1: 왜? 재밌잖아 난 좋은데

미화: 자 모두 엄지척하고 3초 타이머으로 설정하고 자 누른다! 1,2,3 찰칵

아 지금 너무 행복하다.

0

그대에게

그대의 안부 인사는 생략하고 제 이야기를 쓰고 싶어 이 편지를 남겨 봅니다. 나이 차이 때문인지 존댓말이 편해서 쓰고 있는 제 자신이 많이 변했단 걸 느껴집니다. 그대와 행복했던 추억은 하루아침에 사라지는 꿈같고 그대로부터 아파왔던 기억만이 생생해 합니다. 오늘 낮에 떨어지는 벚꽃을 보며 걷다가 목련 나무를 보았습니다.

그 순간 문뜩 그대와 이별하는 날이 떠올랐어요. 그대를 만나기 전 사랑의 이별은 벚꽃처럼 아름다울 줄 알았습니다. 헤어지는 순간에 좋

은 추억들은 벚꽃잎처럼 아름답게 흩날리면서 아련함을 풍기고 서서히 사라질 거라 생각했는데 우리의 사랑은 목련 꽃같이 아름답게 피워나도 그 사랑의 무게가 버겁고 짐처럼 느껴져서 한 잎 한 잎나무 아래로 뚝뚝 떨어 느리고 순수하게 맑고 하얀 꽃잎 색마 저 결국 갈색으로 변색되어 썩어 보기 싫어지는 게 우리의 결말인 거 같아요. 왜 아직도 저는 그대를 곱게 보내주지 못할까요.. 이제 여기가 마지막인데 사랑해줘서 고마웠다는 말이 쉽게 안 써집니다. 그래서 서툰 글들 끝에 목련꽃이라도 남깁니다. 저 잘 지낼게요.

있잖아, 우리 얘기

발행 2022년 9월 20일
지은이 박지영, 티스텔라, 송미림, 신월, 또도히, 유라, 노태운, 해날에
라이팅리더 현해원
디자인 윤소현
펴낸이 정원우
펴낸곳 글ego
출판등록 2019.06.21 (제2019-67호)
주소 서울특별시 강남구 테헤란로216, 12층 A40호
이메일 writing4ego@gmail.com
홈페이지 http://egowriting.com
인스타그램 @egowriting

ISBN 979-11-6666-176-1